W0059187

DAS FENSTER NACH SÜDEN

Maaike de Haardt

DAS FENSTER NACH SÜDEN

Spiritualität
des Alltäglichen

Aus dem Niederländischen
übersetzt von Ulrich Ruh

HERDER

FREIBURG · BASEL · WIEN

Titel der Originalausgabe:
Raam op het zuiden. Religie en spiritualiteit van het alledaagse
ISBN 978-90-211-4337-8

MIX
Papier aus verantwor-
tungsvollen Quellen
FSC® C014496

© by Maaike de Haardt
First published by Uitgeverij Meinema, Zoetermeer
Für die deutschsprachige Ausgabe:
© Verlag Herder GmbH, Freiburg im Breisgau 2020
Alle Rechte vorbehalten
www.herder.de
Umschlaggestaltung: Verlag Herder
Umschlagmotiv: © Andreas von Einsiedel / Alamy Stock Foto
Satz: Röser Media, Karlsruhe
Herstellung: GGP Media GmbH, Pößneck
Printed in Germany
ISBN Print 978-3-451-38698-5
ISBN E-Book (PDF) 978-3-451-83698-5
ISBN E-Book (E-Pub) 978-3-451-82698-6

Inhalt

Geleitwort zur deutschen Ausgabe

„Gott tritt nicht erst in dein Leben ein, er ist schon dort."[1] Für die französische Mystikerin Madeleine Delbrêl war dies ein leitendes Motto für die von ihr gelebte Spiritualität: Die Begegnung mit Gott bzw. dem Göttlichen vollzieht sich nicht in privatistischer reiner Innerlichkeit, nicht separiert in einem vom sogenannten „Profanen" abgetrennten „sakralen" Bereich, sondern mitten im konkreten Alltag eines Stadtlebens und im sozialen Engagement nicht nur *für* Arme und Benachteiligte, sondern in einem Handeln *gemeinsam mit* ihnen. Diese Perspektive auf Spiritualität und religiöse Praxis kennzeichnet meiner Ansicht nach auch Maaike de Haardts theologisches Nachdenken über eine Spiritualität des Alltäglichen, das sie in diesem Buch entwickelt. So steht sie nicht nur in bester niederländischer theologischer Tradition, die die Theologie des 20. Jahrhunderts so nachhaltig inspiriert und beeinflusst hat - man denke etwa an Edward Schillebeeckx' Anbindung des Offenbarungsgeschehens und der Gottespräsenz in der Geschichte an konkrete, eben auch ganz alltägliche Lebenserfahrungen[2], oder an Catharina Halkes' Einschreibung der lange ausgeblendeten Erfahrung von Frauen in das theologische Denken und Tun[3] (Maaike de Haardt ist Nachfolgerin von Halkes auf deren Lehrstuhl für „Feminismus und Christentum" an der Universität Nijmegen gewesen) -, sie steht auch in der Tradition mystischer Theologie. Gott wohnt nicht in einem von Welt und Mensch geschiedenen „Außen", sondern sowohl - sich vereinzelnd - im Inneren jedes Daseins als auch im Ganzen des Universums, das aus Gott kommt. Gottesbegegnung ist nicht nur ein rein geistiges Geschehen, sondern geschieht wie jeglicher Existenzvollzug

zutiefst verkörpert. Zu ihr gehört wesentlich eine Sehnsucht nach Gott in Form eines konkreten Begehrens, Verlangens; anders als etwa vom späten Augustinus suggeriert ist das Verlangen, auch und gerade das sinnliche, erotische Begehren, nicht immer schon von der Sünde entstellt und treibt von Gott weg, es vermag im Gegenteil eine spirituelle Kraft in sich zu tragen und zum Zeichen der Gottesnähe zu werden. Und wenn Gott in jedem Dasein wohnt, dann ist Gott nicht nur im eigenen Inneren anzutreffen, sondern in der Beziehung zu Anderen; mystische Einung mit Gott ist somit Beides: Weg nach innen und Weg zu Anderen, die ebenso ein Moment göttlicher Anwesenheit in der Welt darstellen wie ich selbst.

De Haardt verdeutlicht dies auf eindrückliche Art und Weise an ganz unterschiedlichen Aspekten alltäglichen Lebens, wobei sie auf das Symbol des Hauses als zentraler Ort des Alltagslebens zurückgreift, ebenso auf die beiden Dimensionen, die das Leben bestimmen: Zeit und Raum. Dabei greift sie immer auch auf Beispiele aus der Bildenden Kunst, aus Musik, Film und Literatur zurück. Man fühlt sich dabei des Öfteren an Leonardo Boffs Überlegungen zur Sakramentalität bestimmter Alltagshandlungen und -ereignisse[4] erinnert, etwa wenn Maaike de Haardt am Beispiel des Films *Babette's Feast* die Sakramentalität der Mahlzeit herausstellt: Alles kann zum Zeichen des „Lebens in Fülle" und von göttlicher Gegenwart werden.

Gleichwohl wird auch deutlich, dass diese Spiritualität des Alltäglichen, diese Verankerung religiöser Praxis im konkreten Alltagsleben, alles andere als individualistisch verengt ist, denn de Haardt stellt immer wieder auch politische Bezüge her, insbesondere im Blick auf Geschlechterverhältnisse. Dabei macht sie auch auf differenzierte Weise auf die Ambivalenzen etwa von Begriffen wie „Heimat", „Haus" oder „Hingabe" aufmerksam, die sich gerade aus Frauenperspektive einstellen. Die Spiritualität des Alltäglichen ist gesellschaftlich verwurzelt und politisch bedeutsam, somit alles andere als eine „politikfreie

Zone", und vor allem ist sie alles andere als pure Vertröstung angesichts bestehenden Leids und Unrechts. Sie entspricht meines Erachtens dem, was Johann Baptist Metz „Mystik der offenen Augen" genannt hat: „Es geht nicht um besänftigende, sondern um erwachende, zum Aufbruch erwachende Spiritualität."[5]

Maaike de Haardt hat bislang vorwiegend in Niederländisch und Englisch publiziert. Ich freue mich sehr darüber, dass ihre kreativen theologischen Beiträge nun auch im deutschen Sprachraum präsent sein werden. „Das Fenster nach Süden" ist auf diese Weise zugleich auch ein „Fenster nach Osten" geworden ...

Köln, im Oktober 2019
Saskia Wendel

Vorwort

‚Wann kommt das Buch denn endlich?' - diese Frage stellte mir Catharina Halkes regelmäßig, nachdem ich ihre Nachfolge auf dem nach ihr benannten Lehrstuhl an der Radboud Universität Nimwegen angetreten hatte. Sie war eine starke Antriebskraft für das Buch, das ich jetzt vorlege. Es ist mehr als bedauerlich, dass dieses Projekt erst nach ihrem Tod in Gang gekommen ist.

Ab 2003 hat es die Vereinigung NKV, ein Zusammenschluss von katholischen Frauenorganisationen, ermöglicht, dass der Catharina Halkes-Lehrstuhl ‚Religion und Gender' zeitweilig mit einem Lehrauftrag der Vereinigung NKV zu ‚Frauen, Glaube und Kultur' ergänzt wurde. Nach Beendigung dieses Lehrauftrags 2011 hat mir die Vereinigung NKV Gelegenheit gegeben, dieses Buchprojekt zu verwirklichen, indem sie Mittel zur Verfügung stellte, mit denen ich einen Redakteur finanzieren konnte. Ich bin der Vereinigung NKV dafür sehr dankbar und hoffe, ihr mit diesem Buch ein materielles Erbstück ihres Lehrauftrags bieten zu können.

Auf dem Lehrstuhl Catharina Halkes/Vereinigung NKV habe ich geforscht, wissenschaftliche und stärker popularisierende Artikel verfasst, Vorlesungen, jährliche Offene Studientage und Vorträge gehalten. Von Anfang an habe ich dabei das tägliche Leben als Ausgangspunkt genommen. Von sehr verschiedenen Themen und Blickwinkeln aus untersuche ich immer aufs Neue Stellenwert und Bedeutung des Alltäglichen in der Gegenwartskultur für das Denken über Religion, Spiritualität und Theologie. Mit diesem Buch möchte ich eine zugängliche und darüber hinaus für breite Kreise erschwingliche Einleitung zu Themen und Ansatz dieser Zugangsweise bieten und eine ansteckende

Vision von Religion, Spiritualität und von theologischem und religionswissenschaftlichem Denken vorlegen. Deshalb habe ich darauf verzichtet, einen ausführlichen Anmerkungsapparat aufzunehmen. Allerdings wird in einer Liste der Quellen am Schluss des Buchs die Literatur angeführt, die in den Texten verwendet wird.

Ohne meine Kolleginnen von den Offenen Studientagen, Lieve Troch, Grietje Dresen und zuvor auch Hedwig Meyer-Wilmes, die Gespräche mit Freundinnen und Freunden - vor allem Magda Misset-van de Weg, Seth de Hoon, Marian Papavoine, Ied Meurders, Annemiek Way und Adrie Lint - und besonders die ausführlichen und engagierten Kommentare von Hans Sterk und Nell Toemen zu den Textentwürfen wäre dieses Buch nicht das geworden, was es ist. Ich bin ihnen allen sehr dankbar. Ohne Inez van der Spek als Redakteurin wäre dieses Buch so nicht zustande gekommen. Nicht nur durch ihre kräftigen redaktionellen Eingriffe in meine Texte, sondern vor allem durch ihr Mitdenken zu Perspektive und Rahmen für dieses Buch hat sie mich dazu gezwungen, ein weiteres Mal auf meine Texte, meine Vorstellungen, meine Grundentscheidungen und meine Selbstverständlichkeiten zu schauen. Dadurch wurden die verschiedenen Teile dieses Buchs zu einem größeren Ganzen zusammengeschmiedet. Und bei all dem haben wir gekocht, gegessen, liefen wir am Strand entlang und arbeiteten in freundschaftlicher Kollegialität an diesem Buch. Danke, Inez. Carine Zebedee brachte in Rekordzeit das Literaturverzeichnis zustande, und Esther van der Panne vom Verlag Meinema hat dieses Buch enthusiastisch begrüßt und gute Vorschläge beigesteuert, wie der rote Faden für dieses Buch, das Haus, stärker hervortreten könnte. Lia van Strien, Büroredakteurin bei Meinema, kümmerte sich schließlich ein letztes Mal um den Text und trug dadurch noch viel zur Lesbarkeit des Buchs bei. Auch ihnen gebührt mein Dank.

Ich widme dieses Buch gern Catharina Halkes und den Frauen der Vereinigung NKV.

1. Zur Einleitung: Religiöse Musikalität

Aus Anlass seines 70. Geburtstags gestaltete der Komponist und Jazzmusiker Theo Loevendie (* 1930) zusammen mit dem Niederländischen Bläserensemble ein Programm, in dem er seine musikalische Autobiographie zu Gehör brachte. Das Projekt bekam den Titel „Fenster nach Süden". Die Reise begann bei seinen Jugendjahren im Amsterdamer Viertel „Kinkerbuurt", mit Drehorgelmusik, Akkordeon, Kirchenglocken, den Schmachtfetzen seiner Mutter und seiner zufälligen, aber unauslöschlichen Begegnung mit Bach durch einen Lehrer. Bach, die Musik aus jenem anderen Stadtteil von Amsterdam, dem Vondelpark und dem teuren Viertel um das „Concertgebouw", die er nur von seinem Fenster nach Süden kannte. Etwa mit sechzehn entdeckte er den Jazz und fing an, Saxophon zu spielen. Mit dreiundzwanzig zog er nach Istanbul, um in einem Orchester zu Festtagen zu spielen, und erst mit fünfundzwanzig ging er auf das Konservatorium, wo er später in seiner Laufbahn wieder unterrichten sollte. Loevendie wurde nicht nur zu einem bekannten Musiker, sondern vor allem auch zu einem weltberühmten und hochdekorierten Komponisten unzähliger Werke, kleiner, intensiver Stücke für ein oder mehrere Instrumente und Gesang, bis hin zu Kammermusik, Werken für Symphonieorchester und Ensembles sowie einer Anzahl von Opern. Eines seiner meistgespielten Werke ist *De dag- en nachtegaal* („Die Tag- und Nachtigall"), Musik und Text nach einem Märchen von Hans Christian Andersen.

Von seiner Jugend voller bunter Musikklänge an hat er von jeder musikalischen Begegnung und Tradition, auf die er in seinem Leben stieß, etwas in sein eigenes Spielen und in seine

Kompositionen mitgenommen. Rhythmus, Melodie und Klang-
gestalt von Musik aus dem Nahen Osten, vor allem aus der Tür-
kei, haben sein Werk nachhaltig beeinflusst. Aus seinem Hintergrund im Jazz lässt er in einigen seiner Kompositionen Raum
für Improvisation, für die eigene Kreativität des Musikers. Und
in seinen Werken erklingen nicht nur musikalische Einflüsse
nicht-westlicher Kulturen, sondern immer mehr bekommen
auch ,exotische' Instrumente selber ihren Platz in seiner Musik.
Er nennt sich selber einen Brückenbauer. Bei der Aufführung
dieses biographischen Programms in Tilburg, Anfang 2001, saßen wir als Zuhörerinnen zusammen mit den Musikern und
mit Loevendie höchstpersönlich auf dem Podium. Es war fast
so etwas wie ein häusliches Kammerkonzert, ein intimes Geschehen, bei dem wir nahe bei den Ausführenden saßen und
in ihr Spiel und die Geschichten hinter der Musik einbezogen
wurden.

Traditionen neu erfinden

Ich fand dieses Programm faszinierend und rührend, in dem
Zeiten und Orte sowie die unterschiedlichsten Genres in
einen musikalischen Lebenslauf integriert wurden. Und mir
wurde bewusst, dass ich mich verwandt fühle mit dieser Art
von Arbeiten. Ich möchte den Reichtum, die Kreativität, die
Vielfarbigkeit und Mehrstimmigkeit der religiösen, spirituellen
und theologischen Traditionen, die mir vertraut sind, in den
Vordergrund rücken.

Wie Loevendies musikalische Tradition nicht aus einer festen Form und einem festen Inhalt besteht, betrachte auch ich
die westliche - also überwiegend christliche - Tradition nicht
als eine feste Form mit einem eindeutigen Inhalt. Es handelt
sich vielmehr um eine Sammlung von religiösen Erkenntnis-
sen, Weisheiten, Ritualen, Symbolen, Handlungen, Auffassungen, Lehrmeinungen, Institutionen, Personen ... Kurz gesagt:

ein Ganzes aus religiösen und spirituellen Praktiken, die alle auf je eigene Weise in Verbindung zur Erzählung der christlichen Religion stehen. Auch die Frage, worin dann genau „die Erzählung" der christlichen Tradition besteht, wird immer auf eine andere Weise beantwortet. Außerdem bilden religiöse Traditionen kein isoliertes Gebilde aus religiösen Praktiken und Glaubensinhalten, sondern stehen in Verbindung mit allen möglichen großen und kleinen Erzählungen anderer religiöser und kultureller Traditionen. Dadurch wird die eigene Erzählung vertieft, angeschärft oder auch relativiert, in jedem Fall aber beeinflusst. Jede Tradition, jede Form von Religion oder Spiritualität ist so entstanden: an und von einem konkreten Ort her, in einer konkreten Zeit und kulturellen Situation. Gleich ob es um religiöse oder nicht-religiöse Traditionen geht, sie werden jeweils aufs Neue ,erfunden': was überliefert und vorgegeben ist, wird angeeignet und erhält aufs Neue eine Form.

Anwesenheit

Die energische und kreative Musik von Loevendies Zusammenspiel mit dem Niederländischen Bläserensemble entstand aus der Weise, in der Loevendie sich während seines Lebens umschaute und für die Musik und die musikalische Aussagekraft dessen offen war, was ihm begegnete. Etwas Ähnliches möchte ich in diesem Buch unternehmen. Schauen, tasten, probieren und hören auf das, was sich an spiritueller und religiöser ,Musikalität' anbietet, aus der Verwunderung und dem Verlangen, die durch das wachgerufen werden, was ich mit dem nur schwer zu übersetzenden englischen Begriff *sense of presence* andeute. Auf Niederländisch kann man es mit ,*een gevoel of bewustzijn van (goddelijke) aanwezigheid*' (= ,ein Gefühl oder Bewusstsein [göttlicher] Anwesenheit') ausdrücken, aber dadurch gerät die sinnliche Dimension von *sense* einigermaßen aus dem Blick. In Spiritualität und Religion, das möchte ich zeigen, geht es im

Grunde um die Empfänglichkeit für diese Anwesenheit, um das Berührtwerden durch göttliche Anwesenheit in und aus der konkreten, alltäglichen Wirklichkeit heraus. ,Immanuel', Gott mit uns, klingt es in der Bibel als Zeugnis für diese Anwesenheit. Religiöse und spirituelle Traditionen sind zuallererst die Verarbeitung dieser Erfahrungen. Mittels Erzählungen, Bildern, Symbolen, Ritualen, Handlungen, Werten und Inhalten bringen sie zum Ausdruck, was diese Erfahrungen für den Umgang miteinander, mit der Welt und mit Gott bedeuten. Geschmacksproben des Göttlichen, der göttlichen Anwesenheit als ein aus der alltäglichen Erfahrung stammendes Wissen um das Göttliche, ist eine Form des Wissens, in der es zentral um Praxis geht. Es geht um ein verkörpertes Wissen, das uns durch das Tun, die Übung, das Praktizieren zuwächst.

Die Kapitel dieses Buchs haben miteinander gemeinsam, dass sie vom alltäglichen Leben in der heutigen westlichen, multikulturellen und sich globalisierenden Kultur ausgehen. Darin bin ich auf der Suche nach Momenten der Präsenz, der Verwunderung und des Verlangens. Es geht mir darum, spirituelle und religiöse ,Grundtöne' in unserer Gesellschaft und Kultur sichtbar zu machen. Natürlich kann ich diese Grundtöne nur wiedererkennen und mit Namen versehen, weil ich von Kindesbeinen an mit der ,Musikalität' oder mit den ,spirituellen Grundtönen' der westlichen christlichen Kultur vertraut bin. In meiner Arbeit als Theologin und Religionswissenschaftlerin mit einem Schwerpunkt auf Frauenforschung geht es mir um die Beziehung zwischen Religion und heutiger Kultur. Aus dieser Perspektive befasse ich mich schon seit vielen Jahren mit Texten, Bildern, Lehre und Praktiken der christlichen Tradition, unter anderem in der Absicht, kritische, kreative und fruchtbare Formen der gegenseitigen Beeinflussung von Kultur und Religion sichtbar zu machen.

In Bewegung setzen

Es ist die Absicht dieses Buchs, Verbindungen zu entdecken und herzustellen zwischen der gegenwärtigen Kultur, dem Alltagsleben und der Spiritualität und Religion. Normalerweise beginnt die Suche nach solchen Verbindungslinien bei den bekannten religiösen Fundorten oder erkennbar religiösen Texten oder Ritualen. Bei Orten, Texten und Ritualen, die als typisch religiös, spirituell oder ‚heilig' identifiziert werden und oft ‚getrennt' sind vom Rest des Lebens. Ich entscheide mich für einen anderen Zugang.

Gerne ziehe ich noch einmal eine Parallele zum Verhältnis zur Tradition bei Loevendie. Er wusste aus dem eigenen Lebenslauf, dass es mehr und andere Musik gab als diejenige, die in den Konservatorien gelehrt wurde und in den Konzertsälen erklang. Erst nach einem weiten Umweg kam er in Kontakt mit dem respektierten Kanon der klassischen Musik. Er eignete sich dann den Kanon auf sehr eigene Weise an, aus seinen Erfahrungen mit ‚marginaler' und ‚trivialer' Musik heraus, und hat den Kanon dadurch auch dauerhaft verändert. Scheinbar unüberwindliche musikalische Kulturunterschiede kommen bei Loevendie zusammen in einer neuen, offenen musikalischen Kultur.

Als Frau in einer überwiegend männlichen religiösen und theologischen Tradition kam ich nicht selbstverständlich beim Kanon christlicher Tradition und Theologie aus. Außerdem hatte ich schon daheim gelernt, dass es mehr Religion, mehr christliche Tradition gab, als in den Kirchen, den religiösen Fundorten par excellence, gelehrt wurde. Das änderte nichts daran, dass meine Neugierde geweckt war und ich mehr von dieser Tradition wissen und verstehen wollte. Ich war ausreichend von ihren Grundtönen berührt, um meine religiöse und spirituelle Musikalität in Beziehung auf den Kanon der Tradition weiterentwickeln zu wollen.

So wie Loevendie in offener und freier Weise auf den musikalischen Kanon und die für ihn geltenden Regeln blickte, blickten immer mehr Menschen, darunter viele Frauen, auf eine neue Art auf die ehrfurchtgebietenden Kanones von Religion und Wissenschaft. Ab der zweiten Hälfte des 20. Jahrhunderts wurden Universitäten, religiöse Institutionen und gesellschaftliche Einrichtungen - sicher nicht ohne Widerstand - demokratisiert. Das beeinflusste schließlich auch den Inhalt von Wissenschaft und Religion. Frauen und Männer brachten nicht nur ihren eigenen Blick, ihre Stimmen und Erfahrungen ein; sie bemühten sich auch darum, die Erfahrungen der Außenstehenden, der Anderen ausdrücklich zum Klingen zu bringen und ihnen Stimme und Farbe zu geben. Sie waren die Initiatoren der Avantgarde, der politischen und feministischen Bewegungen, der Frauenforschung, Genderforschung, postkolonialer Studien und „queer studies". Sie kümmerten sich nicht nur um die Theorie, sondern auch um das alltägliche Leben der Menschen und versuchten, beides aufeinander zu beziehen. Wenn ich in diesem Buch über Religion, Theologie und Spiritualität nachdenke, gehe ich auf den Pfaden weiter, die damals gebahnt wurden. Dabei leitet mich die Überzeugung, dass die Theologie Gefahr läuft, zur bloßen Außenseiterin zu werden, wenn sie nicht in einem offenen Bezug zu Spiritualität und Religion als einer Form von Lebenshaltung und Lebensvollzug steht.

Schlüsselworte für den Zugang zur Religion, die ich vertrete, sind, neben Verlangen und Verwunderung, Verletzlichkeit, Aufmerksamkeit, Kraft, Kreativität, Erkenntnis und Weisheit sowie eine Form von praktischer Nüchternheit. Religion meint dann in allererster Linie und vor allem die Fähigkeit, sich berühren zu lassen, offen zu sein für das Unvermutete, das Unerwartete, für das, was die Selbstverständlichkeiten und Sicherheiten durchbricht. Dieses Berührtsein ruft ein bestimmtes Verlangen wach. In klassischen theologischen Begriffen heißt das Verlangen nach Gott. Ich möchte dieses Verlangen, in der Nachfolge von Autor*innen von Augustinus bis Mary Daly gerne als eine Energie umschreiben, die Menschen in Bewegung setzt, im buchstäblichen Sinn des Wortes: *e(x)movere*, in Bewegung setzen. Bewegung und nicht Besitz hält das Verlangen am Leben. Oder, wie es in einer volkstümlichen Redensart heißt: ‚Eine Sache zu besitzen, ist das Ende des Vergnügens.‘ Mit anderen Worten, es ist die Bewegung, die Menschen in Gang hält.

Verlangen und Verwunderung

Für die Ausrichtung des Verlangens kennt die Tradition viele Namen: Glück, Leben im Überfluss, Blühen, Ganzheit des Lebens, gutes Leben für alle. Als solches hat es keinen spezifischen Inhalt und ebenso wenig eine spezifische Richtung. Augustinus, Thomas von Aquin und andere bekannte Theologen sprechen von einem Verlangen nach Gott, aber Mary Daly findet das Wort ‚Gott‘ zu beladen und entscheidet sich für *„Being“*, auf Deutsch „Seiend“, um diese ‚Anziehungskraft‘ und vor allem ihren ‚verbalen Charakter‘ zu bezeichnen. Daly ist sich sehr wohl dessen bewusst, dass ‚Gott‘ ein Gattungsname ist, der zum Eigennamen wurde. Der Gott, der Gott genannt wird, wie es die jüdische Theologin Melissa Raphael formuliert hat. Gott, die göttliche Anwesenheit, auf die sich das Verlangen ausrichtet, lässt sich möglicherweise mit dem magnetischen Norden vergleichen: Es ist enorm schwierig, den genauen Ort dieses geomagnetischen Nordpols zu bestimmen, weil er immer in Bewegung ist. Verlangen gleicht dann einer Kompassnadel, immer auf der Suche nach der Richtung dieses magnetischen Nordens, der göttlichen Anziehungskraft. Das Verlangen nach Leben im Überfluss übt wie ein Magnet eine Anziehungskraft aus; es ist immer zu spüren, aber es gibt keinen klar umrissenen Weg, um dorthin zu gelangen. Das Verlangen wird durch die Anziehungskraft in Bewegung gesetzt, aber es hat als solches keinen anderen Ort und keinen anderen Rhythmus als die tatsächliche, alltägliche Wirklichkeit. Und genau das macht dieses Verlangen so kräftig und lebensspendend, aber gleichzeitig so riskant, verletzlich und unkontrollierbar.

Deshalb habe ich formuliert, dass Verlangen, aber auch Verwunderung die Grundlage von Religion ausmacht. Beides wird auf ganz verschiedene Art und Weise zum Ausdruck gebracht. In Schnulzen und in Werken von Bach, in Poesie und in Klischees, in Gebet und Ritual, im Bild der kleinen Zigeunerin mit der Träne und in der Madonna von Botticelli, in Filmen, im Kochen und im Gärtnern. In Weltstädten und in Gärten im Hinterhof, in Literatur und in persönlichen Erzählungen. Kunst, gleich ob mit einem großen oder einem kleinen Anfangsbuchstaben, das Schöne in vielen Gestalten. Menschen werden dadurch angesprochen, in Bewegung gesetzt, gestärkt; es wird ihnen dabei geholfen, ihr eigenes Leben zu verstehen. Die afroamerikanische Dichterin Audre Lorde schrieb einmal, Poesie sei kein Luxus, sondern eine wichtige Triebkraft, die Veränderung in Gang bringen kann. Poesie, Kunst als Ausdrucksweise von Verlangen und Verwunderung ist deshalb auch unauflöslich mit dem Spirituellen und Religiösen verbunden. Darum befasse ich mich in diesem Buch außer mit mehr alltäglichen Dingen wie Kochen, Gärtnern und dem Überleben in der Stadt auch mit Romanen, einem Film und einem Kunstprojekt als Zugängen zur Entdeckung von Religion und Spiritualität. Es kommt regelmäßig vor, dass ich einen Roman oder ein Gedicht lese, einen Film sehe oder eine Theatervorstellung besuche und dadurch auf die eine oder andere Weise berührt werde. Ich denke mir dann oft: Damit möchte ich einmal noch etwas machen. Als Theologin die Welt verstehen. Als roter Faden in einer Vorlesung oder in einem Artikel ausgearbeitet. Und dann, oft erst Jahre später, komme ich tatsächlich darauf zurück. Weil die alltägliche Wirklichkeit, dann nicht in Kunst übersetzt, mir eine andere Perspektive auf das Denken über Religion und Spiritualität vermittelt.

Das Haus

Für dieses Buch habe ich das Bild des Hauses als roten Faden ausgewählt. Mehr als alles andere steht das Haus als Symbol für das Alltägliche und damit auch für das Selbstverständliche. Das, was von sich aus spricht und worüber deshalb nicht gesprochen werden muss, weil es nichts vorgibt. Religion und Wissenschaft haben das Haus lange als eine zwar notwendige, aber doch unbedeutende (Frauen-)Angelegenheit betrachtet. Dort spielen sich die täglichen Dinge ab: Essen, Trinken, Schlafen. Aber das Haus ist auch der Ort für Liebe, Geburt und Tod, für Familie und Freunde, der Ort für erste Verletzungen und für die erste Zuneigung. Es ist der Ort, in den die Welt auf viele Arten hereinkommt und von dem aus die Welt entdeckt wird. Wo dein Haus steht, wie es dort aussieht, mit wem du dort wohnst, das alles bestimmt teilweise jemandes Identität. Und wenn du, freiwillig oder gezwungenermaßen, umziehst, schafft das eine andere Sicht auf dich selbst, auf deine Beziehung zu anderen und zur Welt. Aber selbst das bloße Nach-draußen-Gehen, um zu spielen, zu arbeiten, Besorgungen zu machen, in die Schule oder in den Park zu gehen, das alles kann sozusagen auf einmal deinen Blick und deine Sichtweise verändern. Das gilt auch für das Lesen eines Buchs, das Sehen eines Films, das Hören von Musik, das Surfen im Internet oder das In-Urlaub-Fahren. In diesem Buch gehe ich aus von der ständigen Wechselwirkung zwischen Haus und Welt, zwischen Individuum und Gemeinschaft. Ich versuche, etwas von der Spiritualität und Religiosität sichtbar zu machen, die damit verbunden sind, und seiner Bedeutung für das Denken über Religion auf die Spur zu kommen. Der Titel dieses Buches, „Fenster nach Süden", verweist deshalb auch nicht bloß auf das Projekt und die Zugangsweise von Loevendie oder auf mein eigenes Fenster nach Süden, sondern ist vor allem ein Bild für die Offenheit und die Wechselwirkung zwischen Haus und Welt.

Wie ich sichtbar machen möchte, dass es keinen grundsätzlichen Unterschied zwischen dem Haus und dem Rest der Welt gibt, zwischen dem Privaten und dem Öffentlichen, Hochkultur und Trivialkultur und auch nicht zwischen Frauen- und Männerangelegenheiten, so möchte ich auch eine Reihe weiterer Gegensätze oder Dualismen vermeiden, die unser westliches Denken prägen. Das alltägliche Leben, das zeige ich in den verschiedenen Kapiteln, ist gerade der Ort, an dem sich diese Gegensätze als unhaltbar erweisen. Ich bin davon überzeugt, dass wir diese Gegenüberstellungen hinter uns lassen müssen, um dem Verlangen nach Glück, Überfluss und einem guten Leben für alle - gleich mit welchen Ausdrücken wir dann auch das Verlangen bezeichnen - Hand und Fuß geben zu können. Religion und Spiritualität, die Spuren göttlicher Anwesenheit in der Welt, sind der Kompass, mit dem die Nadel des Verlangens eine Richtung sucht, zitternd und immer in Bewegung. Aber immer von dem Ort aus, an dem man sich in einem bestimmten Augenblick befindet.

Zeit und Ort

Die Kapitel in diesem Buch gehen von verschiedenen Orten aus, symbolisiert durch verschiedene Räume im Haus und um es herum. Es geht außerdem um ein Haus, das sich in der Welt befindet, im städtischen Raum. Vorausgehend sollte man das Kapitel „Zeit schafft Orte" lesen. Theoretisch betrachtet ist das Buch angesiedelt in der Verschiebung des Schwerpunkts von Zeit auf Ort und Raum. In diesem Kapitel erläutere ich das und verbinde es mit meiner eigenen Sichtweise von Religion und Spiritualität des Alltäglichen.

Alle Kapitel werden getragen von dem Zugang zur Religion, der oben beschrieben wird und in dem verwurzelt ist, was in traditioneller theologischer Terminologie eine sakramentale Sicht der Wirklichkeit meint: die Überzeugung, dass sich das, was in religiösen Traditionen das Göttliche oder Gott genannt wird, in der konkreten Wirklichkeit manifestiert. Das Wort ‚Gott' ist in unserer Zeit mit vielen verschiedenen Konnotationen, Bildern und Überzeugungen beladen. Dieses Buch ist nicht dazu da, um diese ausdrücklich zu untersuchen, das würde eine stärker wissenschaftlich-theologische Auseinandersetzung erfordern. Mir geht es hier vor allem darum, die spirituelle Kraft und die spirituellen Möglichkeiten sichtbar zu machen, die im alltäglichen Leben in der heutigen Kultur anzutreffen sind, wenn auch vielfach unbewusst. Ich hoffe, damit zu einer lebensnahen und inspirierenden Sicht auf Spiritualität und Religion beitragen zu können.

Zeit und Ort

2. Zeit schafft Orte

To see a world in a grain of sand
And a heaven in a wild flower,
Hold infinity in the palm of your hand
And eternity in an hour.
William Blake

Das Leben von heute scheint beherrscht von der ‚Uhrzeit‘.
Wir rennen von einem Termin zum anderen und versuchen,
unsere Angelegenheiten und Aufgaben so effizient wie möglich zu erledigen. Am Ende des Tages, der Woche, des Monats
hat man trotzdem oft das Gefühl, die Zeit vergehe im Flug,
man habe noch immer nicht das getan, was man eigentlich
tun wollte. Wer kennt nicht das Gefühl, das Leben werde vom
Terminkalender beherrscht und man werde immer aufs Neue
von der Zeit eingeholt? ‚Wir müssen für mehr Zeit sorgen‘ ist
eine Empfehlung, die rundherum zu hören ist. Aber warum für
Zeit sorgen? Die Zeit beherrscht uns ...

‚Es gibt zu wenig Zeit. Oder gibt es nichts als Zeit?‘

Lineare und zyklische Zeit

Die erste Uhr mit einem Zeiger stammt aus dem 10. Jahrhundert. Davor gab es viele andere Arten der Zeitmessung, vor
allem Sonnenuhren. Vor noch nicht allzu langer Zeit wurde
eine Standardzeit eingeführt, die Greenwich Mean Time, auf

der Grundlage dessen, was man als mittlere Sonnenzeit bezeichnet, und am Nullmeridian gemessen. Die GMT fing 1848 bei den britischen Eisenbahnen an und galt für das gesamte Eisenbahnnetz. 1870 wurde sie gesetzlich landesweit eingeführt und daraus folgten Standardisierungen für Europa und für das Britische Königreich. 1928 wurde die Weltzeit eingeführt, mit der Greenwichzeit als Bezugspunkt. Bis dahin galten örtliche Zeitstandards, örtliche mittlere Sonnenzeiten, die sich untereinander oft unterschieden. Der Einführung einer Standardzeit lagen praktische Motive zugrunde: beispielsweise dass Bahnreisende auf langen Fahrten ihre Uhr nicht mehr ständig verstellen mussten und die Eisenbahnen auf der Grundlage einer Standardzeit ein Verzeichnis der Abfahrts- und Ankunftszeiten erstellen konnten.

Zeit, die Zeit auf unseren Uhren, Computern, Weckern und Terminkalendern, ist keine ‚natürliche‘ Gegebenheit, sondern ein Konstrukt, das auf örtlichen Absprachen und der Verfügbarkeit einer Messapparatur beruht. Seit der Einführung der Standardzeit blieb auch die Zeit nicht stehen. Immer weiter verfeinerte Messungen wurden möglich, etwa durch Quarzuhrwerke und die Atomuhr. Im normalen Leben scheinen wir nicht so viel davon zu merken, aber wer sich - aktiv oder passiv - für Geschwindigkeitssportarten interessiert, kennt den Einfluss dieser Messungen. Man denke an die zunehmende Präzisierung bei den Hundertmetersprints der Kurzstreckenläufer oder an die 500 Meter beim Eisschnelllauf!

Zeit als Vorstellung ist weder statisch noch unveränderlich. Wie die Art der Zeitmessung geschichtlich und kulturell unterschiedlich ist, so ist es auch unsere Vorstellung von der Zeit als solcher. In einer agrarischen Gesellschaft verhalten sich Menschen anders zur Zeit als in unserer postindustriellen Gesellschaft. Und der Begriff von Zeit im heutigen Nordeuropa unterscheidet sich nicht nur von dem in Teilen des heutigen Afrika, sondern ebenso vom Begriff der Zeit im Mittelalter oder im alten Griechenland. Die Zeitvorstellungen sind verbunden mit den Bedürfnissen und dem Weltbild einer Gesellschaft oder von konkreten Individuen in einer solchen, und außerdem hängen sie vom Stand der Technologie und den Messapparaten ab.

Im Westen kennen wir zwei Kategorien von Zeit: eine lineare und eine zyklische Zeit. Schematisch dargestellt ist die lineare Zeit die geltende Zeit, die sich in einer geraden, ununterbrochenen Linie entfaltet, auf einen unendlichen Horizont ausgerichtet. Diese Zeitvorstellung bestimmt unsere Uhrzeit, von Sekunden zu Minuten, Tagen und Jahren, die aufeinanderfolgen. Eine Zeit, in der die Vergangenheit auch wirklich vorbei ist und nur die Zukunft zählt. Symbolisiert als Väterchen Zeit, ein alter Mann mit dem Stundenglas und einer Sense als Attributen, der an den griechischen Gott Chronos erinnert.

Dem steht die zyklische Zeit gegenüber, die Zeit der Jahreszeiten, die kommt, geht und wieder kommt. Eine Zeitvorstellung, die mit dem täglichen Leben verbunden ist, vor allem in Gesellschaften, die von der Landwirtschaft geprägt sind. Sie gilt als ,primitiver‘, verbunden mit einem mythischen Bewusstsein, das ahistorisch ist und keine genauen Messungen braucht, weil es den Rhythmen der Natur folgt. Zukunft ist hier nur eine Wiederkehr des Heute. Diese Zeitvorstellung wird als nicht-christlich und nicht-westlich betrachtet, weil sie rein natürlich ist, nicht auf ein Ende der Zeiten ausgerichtet, und weil sie kein endgültiges und offenbarendes Eingreifen in die Geschichte kennt. Wenig überraschend wird diese Zeitvorstellung als ,weiblich‘ gekennzeichnet und der linearen ,männlichen‘ Zeit diametral entgegengesetzt.

Chronozentrismus

In den letzten Jahrzehnten ist der ,Chronozentrismus‘, die Dominanz der linearen Zeit, immer stärker in die Kritik geraten. Nicht nur die Organisation der postindustriellen, sich globalisierenden Gesellschaft, sondern auch das normale Leben wird durch sie immer tiefgreifender strukturiert und sogar kontrolliert. Die lineare Zeit hat das tägliche Leben und die ganze Natur immer mehr in eine umfassende, weltweite Marktwirtschaft hineingezogen, in der Zeit Geld ist und alles, was Menschen tun, in diese Perspektive zu rücken scheint. Ein Film wie *Spring, Summer, Fall, Winter and Spring ...* (2003), der auf einer einsamen Insel an einem unbekannten Ort in Ostasien spielt, auf der ein alter Mönch einen kleinen Jungen in ein Leben der ewigen Wiederkehr einweiht, hat nicht zufällig im Westen so viel Erfolg.

Nach Auffassung vieler beherrscht die Uhrzeit das Leben so sehr, dass wir Zeit schaffen müssen. Zeit schaffen für die Dinge, die ,wirklich zu tun sind'. Es bleibt die Frage, was Menschen genau meinen, wenn sie das sagen. In jedem Fall scheint es um eine andere Art von Zeit zu gehen; derzeit fällt immer wieder das Wort *slow*. Andere Kritiker der linearen Zeitvorstellung bevorzugen eine stärker zyklische Konzeption von Zeit. Dennoch bin ich nicht davon überzeugt, dass ein solches Plädoyer für eine zyklische Zeitvorstellung eine Lösung bietet. Viele gegenwärtige spirituelle Bewegungen, besonders diejenigen, die unter Sammelnamen wie Neuheidentum, Göttinnenbewegung oder Wicca bekannt sind, plädieren für eine solche alternative Zeitvorstellung. Diesen Bewegungen sind bei aller Unterschiedlichkeit die Heiligung der Natur und die Anerkennung einer weiblichen göttlichen Kraft oder Göttin gemeinsam. Sie wenden sich vom patriarchalen jüdischen und christlichen Denken ab und nehmen in Anspruch, sich auf vorchristliche, heidnische religiöse Traditionen zu stützen, die eine zyklische Zeitvorstellung kennen. Mit diesen Optionen äußern sie deutliche Kritik an der auf die lineare Zeit hin orientierten westlichen Kultur und Religion.

Dieser Typ von Spiritualität verlangt eine Art von Rückkehr zu einer ,natürlichen' oder ,ursprünglichen' und deshalb heilsameren Zeit. Die Gefahr der Idealisierung und Romantisierung liegt hier auf der Hand, allein schon deswegen, weil wir über diese früheren Kulturen so wenig wissen, aber auch, weil die spirituellen Bewegungen weniger alt, ursprünglich und historisch verwurzelt sind, als oft suggeriert wird. Außerdem wird dadurch die Bedeutung und auch die Bedeutsamkeit der ‚gewöhnlichen' linearen Zeit ganz und gar verkannt. Unabhängig von aller möglichen Kritik an der Dominanz der Uhrzeit und am wirtschaftlichen und technologischen System, das damit zusammenhängt, hat sich natürlich auch unendlich viel Gutes daraus entwickelt. Was aber vielleicht noch wichtiger ist: durch das Gegeneinander-Ausspielen von linearer und zyklischer Zeit werden auch dualistische Konzeptionen von Gender bestärkt, die damit vermengt sind. Gibt es denn eine so monolithische Vorstellung von der linearen, männlichen Zeit gegenüber der zyklischen, weiblichen Zeit? Und ist wirklich diese moderne, lineare Zeit die einzige Vorstellung von Zeit, die wir kennen?

Eine Vielfalt von Zeiterfahrungen

Auch beim Nachdenken über so komplizierte Dinge wie die Zeit beginne ich gern beim täglichen Leben und bei alltäglichen Verhaltensweisen. Und dann zeigt sich, dass die täglichen Zeiterfahrungen komplexer und mehrdeutiger sind, als es die genannten Gegensätze vermuten lassen. Im alltäglichen Leben gibt es eine Vielzahl von Konzepten und Erfahrungen der Zeit. Arbeitszeit, Emotionen, Beziehungen, Fürsorge, Freizeit und das, was gegenwärtig, in ökonomischer Begrifflichkeit, *quality time* heißt, haben alle ihren eigenen Rhythmus, ihre eigene Zeitmessung und Zeiterfahrung. Diese unterschiedlichen Konzeptionen und Erfahrungen von Zeit lassen sich nicht auf ein und dasselbe Modell zurückführen. Sie sind an den jeweiligen Kontext gebunden, gehen ineinander über und sind mit Sicherheit nicht immer in einem klaren, messbaren Schema unterzubringen und zu kennzeichnen. Die Vorstellung, das gehe doch, ist eine Illusion.

Ich möchte das an einem einfachen Beispiel konkretisieren. Eine Kollegin scheint ernsthaft erkrankt zu sein und muss operiert werden. Das beschäftigt mich, ich schreibe ein Kärtchen, rufe sie an und rede ausführlich mit ihr, als sie wieder ihrer Arbeit nachgehen kann. Ich spreche mit anderen darüber, während der Arbeit und auch sonst. Hier geht es um schwer quantifizierbare ‚Zeiteinsätze‘, die die Grenzen zwischen Arbeitszeit und Zeit für Beziehungen auflösen. Das geschieht auch bei Erfahrungen in der Natur, bei der Aufmerksamkeit und Fürsorge für die Nächsten, für Familie, Verwandtschaft, Freunde. Sicher in Krisensituationen und bei Geburten, Krankheiten und Sterbefällen. In solchen Situationen drängt sich oft ein ‚anderer‘ Umgang mit der Zeit unabweisbar auf. So erinnere ich mich aus den Tagen, als mein Vater im Sterben lag, an meine Verwunderung darüber, dass das ‚normale Leben‘ und die ‚normale Welt‘ einem ganz anderen Rhythmus und einer anderen Zeit folgten als wir in der Familie. Während für uns das Leben auf eine bestimmte Weise stillstand und die Intensität des Augenblicks zählte, schien das Leben um uns herum zur selben Zeit normal weiterzugehen.

Es ist unmöglich, die Zeit in solchen außergewöhnlichen Situationen nur nach der starren linearen Zeit zu messen. Genauso wenig lässt sich hier von einer zyklischen Zeitvorstellung sprechen. Sogar in einer Kultur, in der Zeit Geld ist, widerspricht das tägliche Leben einer einfachen Konzeption von Zeit. Auch an den durch die Uhrzeit beherrschten Arbeitsorten scheinen dualistische Gegenüberstellungen nicht haltbar zu sein - gleich ob es um die Gegenüberstellung von objektiv und subjektiv, von öffentlich und privat, von rational und intuitiv, von Körper und Geist oder wie in unserem Fall zwischen linearer und zyklischer Zeit geht. Die Perspektive des Alltäglichen macht die Komplexität des Lebens deutlich: Zeit ist keine

Frage von entweder/oder, sondern von sowohl/als auch. Das Alltägliche, so könnte man formulieren, unterbricht die eiserne Logik der Uhrzeit und entlarvt so den Anspruch der Uhrzeit auf Einzigkeit und Absolutheit als Illusion. In seiner ganzen Konkretheit relativiert das Alltägliche die Normativität, die vom Rhythmus der Uhrzeit ausgeht.

‚Es gibt keine Zeit. Oder gibt es nichts als die Zeit?'

Die Lilien des Feldes

Aber doch ... Die Zeit macht uns. Und es wird anscheinend immer schlimmer. Oder ist das eine optische Täuschung? Alles hat seine Zeit, so sagt uns der Verfasser des biblischen Buchs Kohelet (3,1-13). Gebären, Sterben, Pflanzen, Ernten, Lachen, Weinen, Suchen, Verlieren, Sprechen, Schweigen, Krieg, Frieden, Hassen und Lieben. Menschen können das Gefühl von Beständigkeit haben, aber, sagt der Prediger, das Handeln Gottes bleibt unergründlich. Darum ist es das Beste, fröhlich zu sein und es geschehen zu lassen. Wenn der Mensch genießen kann, ist das ja eine Gabe Gottes.

Und schaut auf die Vögel des Himmels, so klingt es beim Evangelisten Matthäus (6,26). Schaut auf die Lilien des Feldes. Sorgt euch nicht um den morgigen Tag, denn der morgige Tag wird für sich selber sorgen.

Ich nehme diese bekannten Stellen hier ein wenig aus ihrem Zusammenhang, aber ich meine doch, dass sie im Kontext dieses Nachdenkens über die Zeit gelesen werden können. Sie rufen uns auf, uns vor allem nicht um den Wahn des Tages zu kümmern, darum, was wir morgen essen und anziehen werden. Ich lese sie als Kritik an der Auffassung, dass, wenn wir die Zeit nicht organisieren, es nicht selber in der Hand haben, es mit unserem Leben, unseren Bedürfnissen, unserer Arbeit, ja selbst mit unserer Spiritualität nicht gut gehen könne. Aber Zeitmanagement ist keine Garantie für ein gutes Leben. Blicke auf die Vögel des Himmels und verwundere dich. Vielleicht auch: Hab' Vertrauen, lass dich mit dem Wind treiben und gib dich anheim ...

Verwunderung

„Es gibt keine Zeit. Oder gibt es nichts als die Zeit?" Das sind inzwischen klassische Worte der Dichterin M. Vasalis (1909–1998), die letzten Worte ihres Gedichts *Ebbe*, ein Text, der in meiner Studentenzeit jahrelang in meinem Zimmer hing.

Ebbe

Ich ziehe mich zurück und warte.
Das ist die Zeit, die nicht verloren geht:
Jede Minute verwandelt sich in Zukunft.
Ich bin der Ozean des Wartens,
wasserdünn umhüllt vom Augenblick.
Saugende Ebbe des Gemüts,
das die Minuten zählt und das die Flut
tief in ihrer Finsternis bereitet.

Es gibt keine Zeit. Oder gibt es nichts als die Zeit?

Spricht das Gedicht über eine Relativierung der Zeit? Welcher Zeit? Oder geht es überhaupt nicht um die Zeit? Geht es um Warten, sich Zurückziehen, um das Anheimgeben an die Zeit oder das Sich-der-Zeit-Entziehen? In jedem Fall ist von einer anderen Zeitvorstellung die Rede als der der Uhrzeit.

In ihren Dankesworten bei der Verleihung des Constantijn-Huygens-Preises 1974 verwies Vasalis auf die Verwunderung als Quelle für die Relativierung in ihrer Arbeit hin. Michael Zeeman beschloss seinen Nachruf auf Vasalis mit den Worten: „Aber das Wichtigste war doch, dass ihre Dichtkunst sofort da stand, mit dem unverkennbaren eigenen Ton, jener bezwingenden und natürlichen Art der Erfindung von Bildern. Als ob sie von außerhalb der Zeit gekommen wäre." (*De Volkskrant,* 21. Oktober 1998) Als ob sie von außerhalb der Zeit gekommen wäre: als ob sie von der Zeit Abstand genommen hätte, um sich zu wundern über die Zeit.

Verwunderung, die Erfahrung von Abstand und Nähe in einem. Diese Erfahrung von Verblüffung, Überraschung, Bestürzung; vom Sehen und Erfahren von etwas, das zuvor nicht gesehen oder erfahren wurde. Vom Gewohnten, das plötzlich auch außergewöhnlich ist, und dem Außergewöhnlichen, das gleichzeitig gewöhnlich bleibt. Der Philosoph Cornelis Verhoeven schrieb eine berühmte Einführung in die Philosophie mit dem Titel *Einleitung zur Verwunderung* (1967). Er sagt mit einigermaßen feierlichen, aber gut gewählten Worten:

„In der Verwunderung erfahren wir uns selbst durch eine Begegnung mit einer Wirklichkeit. Die Verwunderung lässt eine Bandbreite von Möglichkeiten zu, weil sie eine Selbsterfahrung auf dem Weg und auf der Suche nach einer Haltung oder einem Gefühl im Blick auf die Wirklichkeit ist, der begegnet wird. Sie ist noch keine Haltung des Gefühls, aber die Konzentration, aus der eventuell eine Haltung des Gefühls entstehen kann." (S. 30)

Verwunderung als eine offene Erfahrung im Blick auf die Wirklichkeit, die uns entgegenkommt. Traditionell gilt Verwunderung als Ausgangspunkt, als Beginn der Philosophie. In meiner Sichtweise ist Verwunderung auch die Grundlage jeder Form von Spiritualität und Religion. Sie ist eine Gestalt des Gleichzeitig-in-der-Zeit-und-außerhalb-von-ihr-Seins. Gleichzeitig wird der Wirklichkeit ‚begegnet', statt sie als selbstverständlich anzunehmen. „In der Verwunderung steht alles auf dem Spiel", sagt Verhoeven. Sie ist deshalb nicht risikofrei. Man könnte auch sagen: in der Verwunderung ist alles verletzlich und offen. Die Wirklichkeit leuchtet auf eine andere Weise auf, aber ebenso: ein anderer Teil der Wirklichkeit leuchtet auf. In der Verwunderung lasse ich mich auf eine andere, neue Art von der Wirklichkeit, dem Anderen, den Anderen berühren. Verwunderung darüber, was ist, was war und was noch kommen wird. Ein Bild für die Zeit: Gegenwart, Vergangenheit und Zukunft, von Vasalis aus ihrer Verwunderung heraus im besagten Gedicht ausgedrückt mit Ebbe und Flut in Verbindung mit Raum und Ort. Mit dem Ozean, und in meiner Vorstellung mit der Küste, dem Ort, an dem die Gezeiten sichtbar werden.

Raum, Ort, das hat alles mit der Materialität des Lebens zu tun. Die See, die Küste, Parks und Wüsten, das sind die Orte, an denen die Zeit bei Vasalis eine andere Dimension annimmt. An denen sie - und auch wir, die wir von ihrer zu Poesie geronnenen Verwunderung berührt werden - sich auf eine andere Weise zur Wirklichkeit verhält.

Aber nicht nur die Schönheit und Stille der Natur fordern zur Verwunderung auf, zu einer anderen Erfahrung des Stehens in der Zeit. An den unterschiedlichsten Orten können sich Menschen dazu aufgerufen fühlen, die Selbstverständlichkeit der Wirklichkeit zu durchbrechen. Oben sprach ich schon von der anderen Zeiterfahrung an Orten von Krankheit und Sterben. Aber tatsächlich kann die ganze Wirklichkeit zur Verwunderung hinführen. Jeder konkrete Ort kann Staunen, Bestürzung, einen Schock auslösen. Vom kleinen Sandkorn bis zur unübersichtlichen Metropole. Von der Stille eines Gartens bis zur Hektik der Stadt.

Und so bin ich selber von der einen zur anderen Dimension übergegangen. Außer Zeit, jenem schwer greifbaren, aber alles beherrschenden Begriff Zeit, spielt auch der Raum eine wichtige Rolle in der Erfahrung und bei der Ordnung des menschlichen Seins. Zeit und Raum, Chronos und Topos, bilden ein zentrales philosophisches und theologisches Paar. Von diesem Paar musste der Raum beziehungsweise Ort im Lauf der Geschichte immer mehr dem Primat der Zeit weichen. Der Raum galt vor allem als passive Gegebenheit, als leeres Fass, in dem die (lineare) Zeit am Werk war und dem Ort Bedeutung zumaß. Seit dem Beginn der 90er Jahre des letzten Jahrhunderts ist in den Human- und Kulturwissenschaften allerdings die Rede von einem *spatial turn*: Raum und Ort werden zu wichtigen Themen. Diese neue Aufmerksamkeit für den Ort hängt mit der deutlicher gewordenen Einsicht zusammen, dass Menschen leibliche Wesen sind und sich deshalb immer ‚irgendwo befinden‘. Aufmerksamkeit für den Ort hat nicht nur eine geographische Dimension, sondern bringt auch die Verbindung zwischen Ort, Erinnerung und Identität ans Licht, so der Theologe und Philosoph Philip Sheldrake. Der Ort ist nicht passiv und leer. Ganz im Gegenteil, ein Ort oder Raum bekommt nicht einfach eine Bedeutung zugewiesen, sondern verleiht selber auch Bedeutung. Es ist nicht gleichgültig, wo sich ein Ereignis abspielt. Der Raum und der Ort tragen dazu bei.

In der Zeitvorstellung eines strengen Chronozentrismus beschränkt sich das Religiöse auf feste Zeiten und feste Orte, wo ‚es‘, die religiöse Feier, das spirituelle Erlebnis geschehen müssten. Für viele Menschen bleibt ‚das‘ scheinbar ohne Folgen, wenn sie sich auch ‚Zeit dafür schaffen‘. Aber wenn es um das Religiöse oder Spirituelle geht, ist dann ‚Zeit dafür schaffen‘ überhaupt ein passender Ausdruck? Unterwirft sich der Slogan, dass wir Zeit schaffen sollen, nicht zu sehr der Uhrzeit, dem Machbaren, Messbaren und Beherrschbaren? Vielleicht geht es bei der Spiritualität viel eher um ‚Raum oder einen Ort schaffen'. Ich möchte nicht Raum gegen Zeit ausspielen oder nur dem Raum Bedeutung zusprechen; es geht darum, ein Gespür dafür zu entwickeln, dass konkrete Orte, spezifische Räume wirklich dafür von Bedeutung sind, Verwunderung zu wecken. Und es geht darum, dem modernen, linearen Denken - einschließlich des Verlangens, ‚Zeit für wichtige Dinge zu schaffen', und des damit zusammenhängenden Gedankens, dass wichtige Dinge machbar sind - seinen Übermut und seine Illusionen zu nehmen. Von einem viel komplexeren Zeitbegriff aus als dem, den wir in der Moderne handhaben, wiesen schon Kohelet und Matthäus auf die Eitelkeit des Glaubens an die Machbarkeit hin.

Makom und *Mokum*

Religion und Spiritualität haben sich in hohem Maß durch die lineare Zeitvorstellung der Moderne mitnehmen lassen: in ihrer Ausrichtung auf das Absolute, auf das Unendliche, die Ewigkeit und das Ende der Zeiten, sowie in ihrer Überzeugung, dass der Weg dahin beherrschbar und machbar sei. Mehr noch, sie haben auch das Göttliche in dieser absoluten Unendlichkeit angesiedelt. Dadurch wurde es Menschen sehr schwer gemacht, einen Sinn für Präsenz auszubilden, um göttliche Anwesenheit zu erkennen. ‚In der Verwunderung steht alles auf dem Spiel', aber die Unsicherheit, die eine solche religiöse Grundhaltung mit sich bringen würde, lassen sowohl Theolog*innen wie religiöse Institutionen noch immer nicht gerne zu. Sie bevorzugen es, Gott einen klaren und festen Platz zuzuweisen, und leugnen damit faktisch die hoch geschätzte ‚Freiheit Gottes'. Ich plädiere dafür, im alltäglichen und normalen Leben nach Orten der göttlichen Anwesenheit zu suchen, nach konkreten Orten, an denen sich das Leben materiell und belebt abspielt. Die Erfahrung von Verwunderung kann einen Zugang zu solchen Orten bieten.

Die Überzeugung, dass göttliche Anwesenheit an konkreten Orten erkannt werden kann, ist nicht neu. Sie hat Wurzeln sowohl in den jüdischen wie auch in den christlichen Traditionen. So verweist beispielsweise das Wort ‚Ort' in der hebräischen Bibel nicht auf einen abstrakten, leeren oder neutralen Begriff, sondern auf Orte von menschlicher und göttlicher Bedeutung, Orte, an denen sich besondere Ereignisse vollziehen, so schreibt der amerikanische Theologe Belden Lane in einem seiner Bücher über Landschaft und Spiritualität. Es geht um Begegnungsorte, um Orte, an denen man wohnen kann, Orte zum Feiern und um sich zu versammeln. Im Hebräischen ist ‚keinen Ort haben' ein Ausdruck für ‚aufhören zu bestehen'. Das hebräische Wort für Ort, *Makom*, verweist nicht nur auf einen konkreten Ort, sondern ist auch ein Hinweis auf ‚göttliche Anwesenheit'. In der jiddischen Verballhornung von *Makom*, die im Namen *Mokum* nachklingt, dem Kosenamen von Amsterdam, ist dieser Hinweis auf göttliche Anwesenheit ebenfalls zu vernehmen.

Machen wir Platz. Um wahrzunehmen, wo wir sind, um wirklich zu sehen, um die Verwunderung zu entdecken, aus der die Dichter leben und in der Spiritualität ihren Grund findet. Um gut zu sehen, brauchen wir keine ‚Zeit, um wichtige Dinge zu tun'; gefragt sind Offenheit, Aufmerksamkeit und Verwunderung für die Orte, an denen wir uns befinden.

3. Haus mit offenen Verbindungen

Es ist immer schön, nach einem Urlaub nach Hause zu kommen. Ich freue mich meistens darauf, wieder nach Hause zu fahren. Vielleicht ist es ja einer der wenigen Momente, in denen das Klischee ‚Eigener Herd ist Goldes wert‘ so etwas wie eine Bedeutung bekommt. Ich habe dann sicher kein Problem mit dem eventuellen ‚Begehren oder Verlangen nach dem Haus eines anderen‘, das so ausdrücklich in das Zehnte Gebot aufgenommen worden ist. Nun finde ich das ‚Goldes wert‘ aus dem Sprichwort zwar etwas übertrieben, aber nach einem Urlaub ist das eigene Haus doch etwas ganz Besonderes. Besser: Nach einer Zeit der Abwesenheit ist das eigene Haus besonders. Ich gehe durch das Haus, ziehe die Läden hoch, bringe Taschen nach oben und mache mir so das Haus wieder schrittweise zu eigen. Das ist notwendig. Ob ich jetzt eine oder drei Wochen weg gewesen bin, das Haus passt sich mir nicht selbstverständlich an. Noch wahrscheinlicher: ich passe weniger selbstverständlich in das Haus. Vor allem wenn ich aus unserem Campingurlaub in Frankreich direkt an der Nordsee zurückkomme, empfinde ich nicht nur das Haus, sondern besonders den Garten - er ist für einen Garten in der Stadt ziemlich groß - als klein, abgeschlossen und nicht hell genug. Es scheint, als wäre ich unter zu vielen Bäumen und unter zu viel schwerem Sommergrün begraben, nach der Offenheit, der Weite und der Helligkeit des Lebens draußen irgendwo hoch auf einer Art Kliff über Strand und Meer. Bin ich dort mehr zuhause als in meinem Haus? Die Selbstverständlichkeit, mit der ich normalerweise Haus und Garten bewohne, muss sich nach der Rückkehr jeweils neu einstellen. Erst nach einer Weile fühle ich mich wieder ‚zuhause' in meinem eigenen Haus. Und doch freue ich mich immer wieder darauf heimzukommen, an meinen eigenen Ort.

Was ist es nur mit Haus und Heimat? Hat das Wohnen an einem spezifischen Ort etwas damit zu tun, sich an einem Ort zuhause zu fühlen? Wenn ich mich an einem Ort zuhause fühle, wohne ich dann auch dort? Ist mein eigenes Haus der Ort, der mir das Gefühl vermittelt, dass ich nicht nur irgendwo zuhause bin, sondern dass ich genau dort hingehöre? Gibt mir ein solcher Ort auch Schutz, Sicherheit, Inspiration, Aussicht? Was hat es mit dem Ideal von Haus und Heimat auf sich? Wessen Ideal ist das eigentlich?

Häusliche Gewalt

Ich kann das Nachdenken über Haus und Heimat, über Heimkehren und Wohnen in der Geborgenheit der eigenen Wohnung, über das Heimkehren in die sogenannte, von den täglichen Sorgen abgetrennte Privatsphäre nur mit einer Portion Misstrauen betrachten. Wer über die Geborgenheit und Sicherheit des Hauses spricht, hat meist kaum ein Auge für die Unsicherheit, die Gewalt in vielen Haushalten oder weiß kaum etwas davon. Noch im Jahr 2010 wurden in den Niederlanden durch die Polizei 44 Fälle von häuslicher Gewalt mit tödlichem Ausgang registriert. Der Informationsdienst „Häusliche Gewalt" von MOVISIE meldet, dass 45 Prozent der Menschen in den Niederlanden im Alter zwischen 18 und 70 Jahren einmal Opfer von dem geworden sind, was ziemlich euphemistisch als ‚häusliche Gewalt' bezeichnet wird. Dieser Prozentsatz ist noch sehr niedrig, vergleicht man ihn etwa mit Indien, Zimbabwe oder Südafrika. Der Ausdruck häusliche Gewalt verweist auf das Faktum, dass die Täter aus der Familie oder der Verwandtschaft stammen; die Gewalt wurde nicht notwendigerweise im Haus ausgeübt. Die Art dessen, was als häusliche Gewalt bezeichnet wird, sei es nun physische, sexuelle oder psychische Gewalt, ist dennoch meistens mit dem Haus verbunden. Man denke nur an Gewalt gegen (Ex-)Partner*innen, Kindesmisshandlung, Kinderverwahrlosung, Misshandlung von Senior*innen, sexuellen Missbrauch, Gewalt aus verletzter Ehre. Häusliche Gewalt: als Begriff klingt das beinahe gemütlich, verglichen mit den vielen anderen Formen von Gewalt. Für viele ist das Haus aber der Schauplatz der täglichen Probleme und Gewalttätigkeiten, dem sie gerne entkommen würden. Für sie ist das Haus kein Ort, an dem man wohnt, also ein Ort, an dem man sich zuhause fühlt. Nicht jeder kennt den relativen Luxus eines Hauses, das ein Zuhause ist.

Penelope

Das Nachdenken über Haus und Heimat macht noch auf andere Art misstrauisch. ‚A woman's place is in the home.' Es gibt zwar keine wörtliche niederländische Übersetzung für dieses Sprichwort, aber der damit ausgedrückten Auffassung wurde auch bei uns lange gehuldigt, und sie gilt in bestimmtem Maß noch immer. Penelope, die Heldin aus der griechischen Mythologie, wartete zwanzig Jahre auf die Rückkehr ihres Odysseus. Die ganze Zeit blieb sie ihm treu, behütete und versorgte das Haus und ihren Sohn, während Odysseus seine spannenden Abenteuer überall auf der Welt erlebte.

Penelope kann für eine der grundlegenden Vorstellungen über Frauen in der westlichen Kultur als Modell stehen. Als Klischee formuliert, müssen sie im Haus bleiben und dafür sorgen, dass Mann und Kinder dort eine bergende Heimat finden, sich laben und ernähren können, zu Kräften kommen und auch weiterhin gut versorgt werden. Feministinnen haben sich heftig gegen diese Bilder und deren Folgen für das Leben von Frauen gewehrt. Und das zu Recht. Nicht ohne Pathos beschrieb der englische Dichter Dryden das Haus einst als den sicheren, ja

sogar heiligen Zufluchtsort für unser Leben. Eine solche Vorstellung fußt zum Teil auf dem massiven und traditionell genderspezifischen Unterschied zwischen öffentlich und privat:
zwischen der fragmentierten, vielleicht sogar ‚bösen' Welt der
Männer von Arbeit, Macht, Politik einerseits und der ganzheitlichen, vielleicht sogar ‚unschuldigen' Welt der Frauen, voller
Fürsorge, Nahrung, Sicherheit und Geborgenheit andererseits.
Dieses Bild vom Haus als Form und Norm von Intimität, Sicherheit, Geborgenheit, dieses heilsame, weil heilende Haus, das
so gepriesen und angestrebt wird, betrachten Feministinnen
oft als einen nostalgischen und idealisierenden Wunschtraum.
Er kann nur auf Kosten der Frauen instand gehalten werden.
Es scheint, dass praktisch alle großen religiösen Traditionen
Haus und Garten mit solchen geschlechtsspezifischen Bildern
und Sehnsüchten deuten, und dabei geht man immer an der
komplexen Wirklichkeit vorbei.

Aber dennoch … Ich gehe gerne nach Hause, in mein Haus,
und ich finde es sehr schön, wenn sich meine Gäste bei mir
zuhause fühlen. Das feministische Misstrauen gegen Haus und
Heimat besteht zum größten Teil sehr zu Recht, aber es macht
vor allem auch deren Ambivalenz sichtbar. Immerhin verkörpern Haus und Heimat auch wichtige psychologische, soziale
und spirituelle Werte, und die Spuren davon finden sich teilweise in der Romantisierung des Hauses, die ich oben kritisiert
habe. Haus und Heimat haben auch mit meiner Identität zu tun,
mit meinem Gefühl der Verbundenheit und damit, wo meine
Heimat ist, wer ich bin. Das ‚Behüten' des Hauses, die Sorge für
das Haus in praktischen Dingen, meine ganzen Anstrengungen
dafür, dass mein Haus stets neu meine Heimat sein kann, sind
nicht nur Ausdruck der alltäglichen Spiritualität der Aufmerksamkeit, der Wiederholung und der Kreativität, sondern dabei
geht es auch um Erinnerungen und Bedeutungen, die mit den
‚Dingen' im Haus – und damit der Bewohner – verbunden sind.
In der tagtäglichen Sorge um den Unterhalt des Hauses geht

es auf bestimmte Weise auch um die Identität seiner Bewohner*innen.

Haus und Herz

Geht es beim Heimisch-fühlen in deinem Haus nur um die Steine, die Formen und die Einrichtung, durch die dein Haus zu deinem Haus wird? Oder hat auch der Ort, an dem das Haus steht, damit zu tun? Spielen die Nachbarschaft, der Ort in der Stadt und die Stadt selber auch noch eine Rolle? Für mich auf jeden Fall. Ich mag das alte und ziemlich gemischte Stadtviertel, in dem ich wohne, die belebte Straße, an der mein Haus liegt. Die Nähe sowohl des Stadtzentrums wie des Außengebiets. Alles ist bei der Hand, oder besser gesagt, zu Fuß und mit dem Fahrrad erreichbar. Auch das macht mein Haus zur Heimat, ich bin in dieser spezifischen Umgebung verortet, wo sich Menschen und Dinge dauernd verändern. Ich fühle mich mit meinem Stadtviertel verbunden, bin von dem betroffen, was da geschieht, und dieses Teilnehmen ist Teil meiner Identität. Gleichzeitig frage ich mich, wenn ich in einer anderen Stadt bin, fast immer, wie es sein würde, an diesem Ort, in dieser Stadt zu wohnen. Und in vielen Städten ist meine Antwort zustimmend. Wenn mir dieselbe Frage im Umland gestellt wird, mache ich einen Vorbehalt: ich würde mich dort gerne aufhalten, aber nicht wohnen. Ich fühle mich schnell irgendwo zuhause, fühle mich wohl. Aber um zu wohnen, ziehe ich die Stadt vor.

Und doch. So wichtig meine Nachbarschaft auch sein mag, ich wohne nicht teilweise ,auf der Straße', wie es in manchen Vierteln oder Gesellschaften durchaus der Fall ist. Dort sind die Plätze, Parkanlagen oder Nachbargebäude Teil des Heimatgefühls. Sosehr auch die Parkanlagen und Märkte einer Stadt meinem Gefühl für ,zuhause' Nahrung geben, bin ich doch ein Produkt der bürgerlichen Art des Wohnens in der

Mittelklasse, wo die relative Privatheit des eigenen Hauses wichtig ist.

Ist man dort daheim, wo das Herz ist? Ich bin in meiner Umgebung verortet, in meinem Haus, meinem Viertel, meiner Stadt. Aber bin ich dort auch verwurzelt, und macht das einen Unterschied? Ich fühle mich in meinem Haus oder meinem Viertel nicht verwurzelt. Wurzeln sind etwas Statisches, Unbewegliches. Man kann sich nicht „umtopfen", weil man zu tief und fest an diesen konkreten Ort auf der Erde gefesselt ist. Ich empfinde mich als ein verwurzeltes Wesen. Ich bin in dieser Erde verwurzelt, in diesem Leben, ich fühle mich darin zuhause. Das Haus, in dem ich wohne, ist zuallererst und vor allem der materielle Ausdruck dieses Zugehörens zur Welt und zum Leben. Hier, in dieser konkreten Wohnung, ist mein Gefühl für Zugehörigkeit und Verbundenheit ‚Haus geworden'. Buchstäblich und bildlich. Und wie alle Symbole nährt dieses konkrete Haus mein Gefühl der Verbundenheit und Zugehörigkeit, mein Gefühl, zuhause zu sein. Deshalb spiegelt meine Wohnung einen Teil dessen, was ich bin, sie trägt meine Erinnerungen, ist das Bild dessen, was ich sein will, was ich schätze, wichtig oder schön finde, wie ich lebe und mit wem. Das alles zeigt sich übrigens nicht nur an der Einrichtung und an der Fassade meines Hauses, sondern genauso daran, wer hereinkommen kann, wer bleiben, schlafen und mitessen (darf). Für Außenstehende ist das alles vermutlich viel deutlicher als für mich selber; ich lebe ja in der Selbstverständlichkeit der Formen meines eigenen Hauses.

Es sind viele Menschen bei uns zu Gast, regelmäßig auch für etwas längere Zeit. Der große Platz für Gäste war einer der Gründe, warum wir das Haus gekauft haben. Es ist schön, diese Möglichkeit zu haben, in der Hoffnung und Erwartung, dass die Gäste sich zuhause fühlen können und sich das Haus voll und ganz zu eigen machen. Das ermöglicht erfüllte Begegnungen, Gemütlichkeit und auch merkwürdige Erfahrungen: nämlich dass nicht nur ich, sondern auch die anderen, die Gäste, diese relativ oder vollständig Fremden, sich mein Haus zu eigen machen können. Manchmal auf eine Art, die von meiner abweicht und mich dazu zwingt, mir mein eigenes Haus neu zu eigen zu machen, neben dem Zu-eigen-Machen durch den anderen. Mein Haus scheint dann plötzlich flexibler zu sein, als ich es bin, für vielfältige und auch vielgestaltige Gestalten eines Hauses. Eine solche Erfahrung der ‚Mehr-Häusigkeit' macht auf eine konfrontative Art die wechselnde und auch dynamische Beziehung zwischen meinem Haus und meiner Identität sichtbar. Meine Identität ist nicht fest und ebenso wenig die Art, in der mein Haus Heimat ist. Solche Konfrontationen lassen mich aufmerksam werden und erinnern mich an meine Grenzen und mein Bedürfnis nach ihnen. Sie lehren mich außerdem, damit umzugehen, ihnen neu Form zu geben und daraus meine Verbindungen offen zu halten. In meiner Beziehung zum Haus steht etwas auf dem Spiel.

Gute Binsenweisheit

Heimat ist da, wo das Herz ist. Eine Binsenweisheit vielleicht, aber wie oft Ausdruck praktischer Weisheit. In meinem Haus spiegelt sich tatsächlich ein Teil meines Herzens, aber auch das Herz eines Anderen kann auf Zeit in meinem Haus eine Heimat finden. Aber wenn meine Heimat dort ist, wo mein Herz ist, bin ich an viel mehr Orten zuhause. Genauso ist es auch.

Nachsinnend versuche ich die Orte ins Bild zu bringen, an denen ich am meisten zuhause, am meisten bei mir selbst bin. Auch das scheint kein fester Bestand zu sein. Das kann der französische Campingplatz am Meer sein oder auf dem Fahrrad in Rotterdam. In meinem eigenen Haus verschiebt es sich ebenfalls. Manchmal ist es im Arbeitszimmer, in einem anderen Augenblick am Esstisch. Allein oder mit anderen. Oder bin ich letztlich doch in der kleinen Dachkammer mit der merkwürdigen Schiebetür am meisten daheim, mit der man auf ein kleines flaches Dach gelangt und über die Dächer und Gärten schauen kann? Mein eigenes Fenster nach Süden und der hellste Platz im Haus. Der intimste und gleichzeitig, durch das viele Licht und das große Fenster, der offenste und direkt mit draußen verbundene Raum. In diesem Zimmerchen liegen auch meine ältesten Erinnerungen, in Form von Fotos und Papieren. Ist das Zufall? Das ist mein Ort, mein tiefstes Zuhause. Im Übergang von draußen nach drinnen, mit viel Luft und Licht, im Liegen oder im Sitzen.

Wohnzimmer

4. Liebe und Hingabe: Familiengeschichten in
Lasset uns anbeten

Im Wohnzimmer kommen alle Linien von innen und außen zusammen. Es ist der Ort, an dem gegessen, gespielt, Besuch empfangen wird und wo die Welt via Schule, Arbeit, Freunde, Nachbarschaft, die Stadt, Fernsehen und Radio hereinkommt. Es wird gestritten und der Streit wieder beigelegt. Es wird gefeiert, geschrien und geweint. Von allen Zimmern im Haus symbolisiert das Wohnzimmer vielleicht am meisten die Idealbilder, die wir von Geborgenheit, Sicherheit, Liebe und Zusammenleben haben. Hier werden romantische und manchmal nostalgische Fotos von der vollkommenen Familie geschossen und sind Liebe und Hingabe die - wohl nicht religiösen - Tugenden, um die sich dieses Idealbild dreht.

Wir wissen durchaus, dass das schöne Fotos sind, die die viel komplexere und tragische Wirklichkeit des Lebens in Familienverbänden verbergen. Das macht das Wohnzimmer nicht weniger zentral. Über diese Komplexität von Liebe und Hingabe möchte ich hier nachdenken. Und ich tue das mithilfe des 1996 erschienenen Romans der kanadischen Schriftstellerin Anne-Marie MacDonald, *Fall on Your Kn*ees. MacDonald gewann mit diesem Buch den Preis für das beste Erstlingswerk und stand zwei Jahre lang auf der kanadischen Bestsellerliste. Das Buch wurde in siebzehn Sprachen übersetzt, in den Niederlanden als *Laten wij anbidden*, und es landete hier auf den Leselisten für weiterführende Schulen. 2002 wurde es für den Buchclub von Oprah Winfrey ausgewählt, was seinen Erfolg nochmals steigerte. Ich las das Buch vor Jahren, auf Anraten eines begeisterten Buchhändlers, der es schaffte, meine Abneigung gegen den Titel zu überwinden. Es war anscheinend eines der Bücher, von denen ich dachte: ‚Damit mache ich einmal noch etwas.' 2008 war ‚Hingabe' das sperrige Thema der jährlichen „Nijmegse Open Studiedagen" über aktuelle Themen in der feministischen Theologie. Bei der Suche nach einer konstruktiveren Annäherung an diesen in feministischen Kreisen seinerzeit so verspotteten Begriff, kam ich plötzlich auf *Fall on Your Knees*. Aus diesem Interesse heraus las ich das Buch erneut.

‚Auf den Knien': Gibt es eine bessere Veranschaulichung für die negativen Konnotationen des Begriffs Hingabe, sowohl in der religiösen wie in der militärischen Bedeutung als Übergabe? Damit hatte auch meine anfängliche Abneigung gegen den Titel zu tun, aber nach der Lektüre sah ich die Sache deutlich positiver. Nicht, dass mir eine solche erste Intuition - oft nicht mehr als ein ziemlich unbestimmtes Gefühl für theologische Relevanz - immer unmittelbar ein Thema oder eine Methode liefern würde, aber in meinem Umgang mit populärer Kultur ist diese Intuition durchaus der Ausgangspunkt. (Gilt das im Übrigen nicht für jede wissenschaftliche Untersuchung, jedenfalls in den Geisteswissenschaften?)

Katholisches Familienepos

Fall on Your Knees [auf Deutsch als *Vernimm mein Flehen* veröffentlicht] ist ein kanadisches Familienepos, das um 1900 beginnt und irgendwann in den 50er oder 60er Jahren des vergangenen Jahrhunderts endet. Der junge, ehrgeizige James Piper, von armer, protestantischer schottisch-irischer Herkunft, zieht als Waise aus seinem Dorf weg und wird Klavierstimmer. Er verliebt sich heftig in die dreizehnjährige Materia Mahmoud, Tochter libanesischer katholischer Einwanderer, denen es wirtschaftlich sehr gut geht. Er brennt mit ihr durch, und sie heiraten. Ihr Vater verstößt das Paar aus der Familie und gibt ihm ein großes Haus an einem - damals noch - sehr abgelegenen Ort auf der Insel Cape Breton, die vor der kanadischen Ostküste liegt und zur Provinz Nova Scotia gehört. Im Mittelpunkt steht das Leben ihrer Nachkommen: vier Töchter, die in New Waterford aufwachsen, einem auf Cape Breton gelegenen Bergbaustädtchen, das immer größer wird. Die Erzählung spielt sich überwiegend in diesem Städtchen ab. Zweimal bekommt die Handlung einen neuen Schauplatz: zuerst Belgien, in den Schützengräben und Feldhospitälern des Ersten Weltkriegs, in dem sich Vater James Piper als Freiwilliger gemeldet hatte. Später, während der Depression und in der Zeit des Jazz, nach Harlem, New York, das in den Augen von Vater Piper der dynamische Weltmittelpunkt der Musik ist und damit der Ort, an den er seine talentierte älteste Tochter schicken muss.

Das Buch hat einen ganz eigenen Erzählstil: für den einen ist er ‚gotisch‘, für einen anderen ‚melodramatisch‘ und für einen dritten ‚postmodern‘. In jedem Fall verleiht der Erzählstil dem Buch etwas Geheimnisvolles, es wird nie völlig fassbar. Es gibt unerwartete Wendungen und erst gegen Ende wird ein Teil dieser Wendungen in der Familiengeschichte - zumindest ausschnittsweise - gedeutet. Tatsachen und Fiktion, Wunder und Visionen, das Verhalten einer Heiligen und einer Hure: alles läuft durcheinander, um den Geheimnissen und unbegreiflichen Elementen des Familiendramas - oder besser: mehrerer Familiendramen - Raum zu geben. Auf unauffällige Weise kommt in der Erzählung eine Vielzahl von Themen zur Sprache: Rassenmischung, Migration und Klassenunterschiede; Ausschluss aufgrund von Geschlecht, Klasse und Rasse: wirtschaftliche und industrielle Entwicklungen in dem betreffenden Teil Kanadas; die vielen Dimensionen des katholischen Glaubens: religiöser Fanatismus, Volksfrömmigkeit und Aberglauben, aber auch weiser und liebevoller Glaube. Daneben handelt das Buch von der Liebe: von der Uneigennützigkeit, der Unbefangenheit und der Reinheit der Liebe, aber ebenso von ihren gewalttätigen und destruktiven Seiten: Inzest, Vergewaltigung, Mord und Selbstmord. Das Buch schreckt vor nichts davon zurück. Und das alles im Rahmen eines Familienepos, mit patriarchalischen Familien in verschiedenen Formen und Größen. Es gibt eine Reihe traumatischer Ereignisse, von denen eines - als tragisches und gleichzeitig geheimnisvolles und komplexes Geschehen - den größten Teil des Buchs durchzieht und prägt. Obwohl die Erzählung in der ersten Hälfte des 20. Jahrhunderts spielt, hat die Mehrzahl der Themen noch nichts an Aktualität eingebüßt. Gerade durch den kräftigen literarischen Stil gibt dieser Roman zu denken. Ich lese das Buch letztlich als Erzählung über die nicht zu entwirrende Komplexität von Liebe, Hingabe und Gnade in familiären Beziehungen, Freundschaften und Liebe.

Die verwendete Erzählperspektive ist vorwiegend die von zwei der vier Schwestern, Mercedes und Frances, die ihr ganzes Leben lang bei ihrem Vater wohnen bleiben. Ihre älteste Schwester, Kathleen, zieht nach New York, um als Sängerin Karriere zu machen, aber wird schnell von ihrem Vater zurückgeholt. Sie stirbt nicht lange danach bei der Geburt von Zwillingen. Lily, die jüngste Tochter, die gelähmt ist, ist in den Augen ihrer sehr religiösen Schwester Mercedes eine Heilige, wird aber von ihrer Schwester Frances weggeschickt, um ihren eigenen Weg zu gehen. Damals sind Vater James Piper und Mutter Materia Mahmoud übrigens schon lange tot. Materia, selber gerade vierzigjährig, begeht Selbstmord, zwei Tage nach dem Tod ihrer neunzehnjährigen Tochter Kathleen im Wochenbett. Der Vater stirbt im höheren Alter, liebevoll umsorgt von den drei übrig gebliebenen Töchtern. Trotz der Tragik von Missverständnissen, Nichtverstehen, (familiärer) Gewalt, den merkwürdigen Lebensläufen und der Doppeldeutigkeiten der Liebe ist das Buch nirgendwo schwer oder düster - im Gegenteil, der Stil ist bilderreich und der Erzählton kennt viel Humor.

An den Grenzen von Gut und Böse

Die Rezensionen waren überwiegend lobend und machten in ihrer Unterschiedlichkeit aufs Neue die Komplexität und Kreativität des Romans sichtbar. Auch die niederländische Presse war begeistert. Stärker als die nordamerikanische Presse ging es ihr um das Nachzeichnen der Tragödien in der Erzählung, wie des Inzests oder des Todes einer der beiden Zwillingsschwestern. Von allen Besprechungen, die ich las, ging die im *NRC Handelsblad* (13. April 2001) am ausdrücklichsten auf die religiösen Dimensionen des Buchs ein und war für mich deshalb die interessanteste. Die Überschrift lautete: „Die wüsten Höhen des Katholizismus". Für die Rezensentin, Diana Comijs, war das Buch ‚eine Erzählung mit einer Moral, nämlich dass der katholische Glaube, von dem die Geschichte durchzogen ist, letztlich keinen Trost bietet.' Die Schlussfolgerung, so Comijs abschließend, ‚könnte man calvinistisch nennen: es gibt keine Absolution.'

Um es deutlich zu machen: Ich stimme damit überhaupt nicht überein. Nach meinem Leseeindruck von dem Roman ist Absolution durchaus möglich, selbst für den Vater, der den Inzest begangen und so viel auf dem Gewissen hat. Er erzählt seine Geschichte, einschließlich des Inzests, gegen Ende seines Lebens der Tochter Frances, und sie vergibt ihm. Und selbst für die Schwester Mercedes scheint Vergebung möglich. Mercedes hat sich nach dem Tod ihrer Mutter seit frühester Jugend mit großer Hingabe für die Familie eingesetzt. Sie wird sich zu einem bestimmten Zeitpunkt bewusst, dass sie zur Sklavin ihrer eigenen mütterlichen Hingabe geworden ist. Trotzdem meint sie diese Position um einen sehr hohen - um nicht zu sagen bösartigen - Preis retten zu müssen, weil im anderen Fall ihr Lebensziel, die Sorge um die Familie, für sie wegfällt. Wie dringend und zwingend diese schwesterliche Hingabe ist, wird am deutlichsten, als ihre

Schwester Frances schwanger wird - dazu noch unverheiratet, konsequent angesichts ihres Charakters, der mit allen Normen bricht. In einem nicht nachvollziehbaren Versuch, das Schicksal umzukehren, hat es Frances mit vielen Kniffen fertiggebracht, den schwarzen Mann Leo Taylor zu verführen, einen der wenigen unkomplizierten und wirklich guten Menschen in der Geschichte.

Aus Angst davor, Frances zu verlieren, wenn diese Mutter wird, beschließt Mercedes, dass sie das Kind nicht behalten könne, auch wenn eine der ‚weisen Nonnen‘, die im Buch vorkommen, große Fragezeichen angesichts dieser Entscheidung setzt. Mercedes belässt Frances und den Rest der Familie in der falschen Annahme, das Kind sei gestorben. Von diesem Augenblick an stürzt sie sich mit noch mehr Einsatz auf ihre selbst auferlegte Pflicht der totalen Hingabe an die Familie. Diese Hingabe, die sie später im Buch als religiöses sich Ergeben bezeichnet, ist zu ihrer Identität geworden.

Selbst für die sehr gläubige Mercedes gibt es Vergebung. Am Tag, an dem Frances an Tuberkulose stirbt, zwingt sie Mercedes dazu, der Wahrheit hinter der Geschichte ihrer Familie, die sie verdrängt hat, ins Auge zu sehen. Der Wahrheit über Lily, die nicht ihre Schwester, sondern ihre Halbschwester ist, Tochter von Kathleen und Vater James; über den Selbstmord ihrer Mutter und alle anderen Familiengeheimnisse, von denen Mercedes nie etwas hören wollte. Frances zwingt Mercedes dazu, ihr eigenes Geheimnis, ihren ‚Verrat‘ an Frances, zu beichten. Genauso wie ihr Vater muss auch Mercedes ruhig sterben können, und deshalb muss sie Vergebung erfahren.

Mercedes gelangt zu der Einsicht, dass sie ihre Verzweiflung mit religiösem sich Ergeben verwechselt und letztlich in ihrem ganzen frommen Betragen Gott hassen musste. Wie sie sagt: ‚Die Trennlinie zwischen Gnade und Sünde ist schmal.‘ Verzweiflung bedeutet den Verlust von Gottes Gnade, so hat es Mercedes in ihrer katholischen Mädchenschule gelernt; nach dem Tod von Frances hat sie das Gefühl, auf ihr liege ein Fluch. Die Schwester von Leo Taylor, Teresa, erkennt ihre Verzweiflung und beginnt zu beten. In dieser Nacht schenkt ihr die Jungfrau Maria die Einsicht, wie es mit ihr weitergehen kann: sie muss alle Missverständnisse und alle verdrängten Dinge gutmachen und das Kind von Frances mit seiner Familie in Kontakt bringen. Um diese Familie geht es in dem Buch, das mit einem Stammbaum anfängt und endet, und mit dem Satz: ‚Komm' her, ich werde dir von deiner Mutter erzählen.'

Liebe und Hingabe haben viele Gesichter

Hingabe im Sinn von Zuneigung hat in diesem Buch viele Gesichter: sie ist schön und ergreifend, naiv, leidenschaftlich, gegen die Konventionen von Rasse oder Klasse oder auch ganz konventionell entsprechend den Normen des Katholizismus jener Zeit. Es gibt eine Hingabe, die nichts mit Religion zu tun hat, und eine Hingabe, die alles damit zu tun hat. Hingabe auch mit grotesken, groben und grausamen Zügen. Die Zuneigung des Vaters zu seiner ältesten Tochter, derjenigen mit dem größten Gesangstalent, ist aufrichtig, aber entgleist dennoch auf grauenvolle Weise. Sie hängt wie ein Fluch über den ersten 150 Seiten des Buchs. Man sieht das als Leser*in genauso herannahen, wie es die Mutter - und auch der Vater selbst - tun. Das Buch handelt von Liebe: über ihre Grenzen und Unmöglichkeiten, ihre Korruption und über die Liebe, aus der man trotz allem weiterhin füreinander sorgt - allerdings ist nicht jede Art von Fürsorge geeignet, dem anderen wirklich Entfaltung zu ermöglichen. Deshalb schickt Frances die leicht behinderte Lily weg, um sie vor der Heiligkeit in Schutz zu nehmen, die Mercedes ihr andichtet und die mit einem Wunder in Lourdes enden soll.

Es geht in dieser Familie um Liebe und Hingabe, ebenso wie in den anderen Familien, die mit der von James Piper und Materia Mahmoud in Verbindung stehen. Um die Sehnsucht nach Liebe, darum, Liebe schenken zu können, zu empfangen und zu behalten. Es geht um Missverständnisse, missglückte Kommunikation, um Ängste, Vorurteile, Hass und die ganzen anderen Gefühle, die Liebe so oft unmöglich oder auf jeden Fall dann doch sehr schwierig machen. Es geht um Liebe, Vergebung und Hingabe, die alles durchdringen, auch wenn sie vom anderen nicht erkannt werden. Dass das anhand dieser vielleicht stark überzeichneten, aber doch an vielen Punkten nachvollziehbaren Familiendramen sichtbar gemacht wird, macht für mich die Stärke dieses Buchs aus. Religion spielt dabei eine große, zweideutige Rolle. Es wird deutlich, welche unterschiedlichen Formen Religion und besonders der katholische (Volks-)Glaube im Leben von Menschen annehmen kann, und die Ungleichzeitigkeit dieser Formen innerhalb einer Familie oder selbst innerhalb einer Person. Treue zur Lehre, aufrichtige Frömmigkeit, Aberglaube und Unglaube gehen Hand in Hand. Auch die religiöse Institution, im Roman hauptsächlich in Gestalt zweier Ordensschwestern, hat kein eindeutiges Gesicht. Auf die Lehre bedacht, orientiert am Status quo, starr und leichtgläubig auf der einen Seite, aber auf der anderen Seite offen, tolerant, scharfsinnig und mit einem guten Gefühl für ‚ungesunde‘ Formen von Hingabe.

Diese Vielzahl der Gestalten von Liebe und Hingabe brachte mich beim Wiederlesen dazu, das theologische Nachdenken über das widerspenstige Thema Hingabe auf andere, neue Weise anzugehen. Zur Verdeutlichung dieses neuen Zugangs erst in aller Kürze etwas über die problematischen Seiten des Begriffs Hingabe, vor allem aus einer Genderperspektive.

Feministische Theologinnen haben in den 80er und 90er Jahren des vorigen Jahrhunderts gezeigt, dass Hingabe, als ideale gläubige Haltung, vor allem als bedingungsloser Gehorsam, Selbstverleugnung und Unterwerfung unter den Willen Gottes gedeutet wurde. Besonders die Christologie, die die vollständige Hingabe Jesu am Kreuz so nachdrücklich als das wichtigste und vorbildhafte Element am Glauben betrachtet, hatte dabei den Schwarzen Peter. Vor allem für Frauen hat dieses verpflichtende Ideal, in Verbindung mit dem Leiden Jesu, durchaus destruktive Folgen, sicher dort, wo unbedingter Gehorsam Gott gegenüber gleichgesetzt wurde mit unbedingtem Gehorsam gegenüber dem Ehepartner. Einer der Gründe, warum ‚Hingabe‘ lange aus der Mode war, ist, dass dieser Typ von Religions- und Kulturkritik im Westen bis zu einem gewissen Grad Allgemeingut war. Aber der Begriff verschwand nicht völlig aus dem Blickfeld. Besonders durch seine ‚Rückkehr‘ durch andere Religionen wie den Buddhismus und den Islam - was übrigens ‚Hingabe‘ bedeutet - und neue religiöse Bewegungen ist eine Neubesinnung auf den klassischen christlichen Begriff wichtig. Ich dachte anfänglich, eine Richtung ausfindig gemacht zu haben, indem ich Hingabe als Zuneigung betrachtete. Zuneigung als eine Haltung, die gelernt und ausgeübt werden kann, ohne in die Falle der destruktiven Selbstaufopferung zu geraten. Dann las ich ein weiteres Mal *Fall on Your Knees*.

Vollkommenheit ist keine Option

Dieser Roman machte mir deutlich, dass ich - vielleicht naiv - auch in meinem religiös-didaktischen Zugang Hingabe noch immer als ein Tun um der Perfektion willen, als eine Haltung der absoluten Vollkommenheit und Unbedingtheit betrachtete. Ob es dabei um vollkommene Zuwendung oder vollkommene Selbstaufopferung geht - der Begriff der Hingabe verweist noch immer auf Vollkommenheit und Absolutheit.

Fall on Your Knees brachte mich zu der Erkenntnis, dass Hingabe ein viel ‚unordentlicherer‘ Begriff ist, als die hartnäckige Vorstellung, die ich (und mit mir viele) damit verbinde, weniger perfekt, rein und absolut. Es ist nicht nur ein komplexer Begriff, sondern auch die Haltung der Hingabe ist selber viel weniger eindeutig, als im schlichten Wort ‚Hingabe‘ oder ‚Zuneigung‘ zum Ausdruck kommt. Im Roman zeigt sich, dass sich hinter der tatsächlichen Hingabe, der Handlung des sich Hingebens, eine Vielzahl von Motiven verbirgt. Hingabe ist vielförmig, es gibt sie in vielen Stufen und sie ist deshalb äußerst mehrdeutig. Liebe hat damit zu tun, aber durchaus in ihren uneinheitlichen Dimensionen. Liebe, die Kraft gibt oder destruktiv ist, Liebe, die fruchtbar und versorgend, oder erstickend und selbstsüchtig sein kann. Alle diese Formen von Liebe sind in den Spielarten von Hingabe zu finden, und dann auch noch gleichzeitig. Vollkommene Hingabe gibt es nicht, aber das tut der Zuneigung keinen Abbruch, mit der Menschen miteinander umgehen können. In diesem Roman und vermutlich auch im wirklichen Leben.

Das Wiederlesen des Romans machte mir erneut deutlich, wie tief idealtypische Vorstellungen in unserem Denken und Urteilen festsitzen. Die große Bedeutung als Vorbild, die der Hingabe als Haltung sowohl in der religiösen wie in der säkularen westlichen Kultur zuerkannt wird, verstärkt das jedes Mal. Hingabe als spirituelles oder moralisches Ideal hat eben auch einen performativen Charakter: sie ist nicht nur ein Ideal, sondern bringt auch jeweils eine Form der Hingabe als rein perfekt und absolut hervor. Dadurch werden andere Bedeutungen ausgeschlossen. Lässt sich dieser Eindeutigkeit entgehen, und ist das notwendig? Ja, ich bin der Auffassung, dass wir das einseitige Modell der Hingabe als Vollkommenheit und Perfektion durchbrechen müssen. Zuallererst um der Mehrdeutigkeit des Lebens als solchem Rechnung zu tragen. Außerdem, und das ist noch wichtiger: um der Tragik des

Lebens gerecht zu werden. Anerkennung des Tragischen, des Unvollkommenen, des nicht Beherrschbaren, Verletzlichen und immer Unvollendeten im Leben ist von grundlegender Bedeutung dafür, dem Leben, allem Leben, auch im religiösen Sinn, wirklich Aufmerksamkeit schenken zu können.

Küche und Esszimmer

5. Das ‚Mehr‘ der Nahrung

Liebe und das Bewusstsein
Von Liebe dazwischen bauen
Menschen einen wärmenden Wohnort
Ellen Warmond

„Seelenspeise", so nannte Ethel Portnoy ihre gesammelten
Kolumnen, in denen sie auf unterhaltsame und informative
Weise die verschiedensten merkwürdigen und schönen an-
thropologischen und religiösen Einsichten und Besonderheiten
mit Elementen aus der Ernährungslehre zusammenbringt. Ihre
kleinen Artikel handeln von allerlei Themen, die mit dem Essen
zu tun haben. Regelmäßig weist sie dabei auch auf die Gemeinschaft stiftenden oder gerade auch trennenden Aspekte von
all dem hin, was mit dem Kochen, Essen und den Mahlzeiten
zu hat. Naschwerk aus den Kinderjahren, so schreibt Portnoy,
kann ein Volk verbinden; Lakritze ist das herausragende niederländische Beispiel. Nahrung kann auch trennen, und dafür
bieten Speisetabus ein besonders sprechendes Beispiel. Was
für den einen verboten ist, weil es nicht koscher, halal oder
anderswie passend oder korrekt ist, betrachtet der andere als
tägliche oder notwendige Kost. Zusammen essen ist dann oft
unmöglich, auch weil solche Tabus zu kulturell geprägtem Ekel
führen können, seien es jetzt Austern, Käfer, Insekten oder
Schweinefleisch.

Die Beziehung zwischen Essen und Gemeinschaft bildet auch die Grundlage für die Werke der berühmten kulinarischen Schriftstellerin M. F. K. Fisher. Das war ihr Motiv dafür, auch während des Zweiten Weltkriegs an ihrem Werk weiterzuschreiben: ‚Es gibt eine Gemeinschaft zwischen mehr als unseren Leibern, wenn Brot gebrochen und Wein getrunken wird. Und das ist meine Antwort, wenn Menschen mich fragen, warum ich über Hunger schreibe und über das Ernten oder über Liebe‘, so heißt es in ihrem Sammelband *The Art of Eating* (S. 535). Für Fisher gibt es einen ausdrücklichen Zusammenhang zwischen der Befriedigung des grundlegenden Bedürfnisses nach Nahrung und der Möglichkeit von Mitleiden, Toleranz und Menschenwürde. Eine gemeinsame Mahlzeit ist offenbar die konkrete Praxis und der Ausdruck davon: es gibt ein unausgesprochenes ‚mehr‘.

Es geht hier um ein ‚mehr‘, das über die Erfüllung eines Grundbedürfnisses hinausreicht. Christen wird dieser Hinweis nicht fremd in den Ohren klingen, aber es stellt sich die Frage, ob sie es schnell in Verbindung mit etwas so Alltäglichem wie Essen bringen. Reservieren sie dieses ‚mehr‘, diese Sakramentalität, nicht vor allem für das eucharistische Mahl oder für andere explizit religiöse Rituale? Wird das ‚mehr‘ nicht beschränkt auf das Besondere, das nicht Alltägliche, das nicht Elementare? Und wenn im Gewöhnlichen etwas Heiliges gesehen wird, dann doch sicher nicht in etwas so Einfachem wie dem Essen? In etwas, das außerdem zu Luxus und Überfluss führen kann und dadurch die Kluft zwischen arm und reich auf schreiende Weise sichtbar macht? Es scheint leichtsinnig, das Essen zur Spiritualität in Beziehung zu setzen, in einer Welt, in der so viele heimatlos und ohne Nahrung sind. Und doch sind es genau die religiösen und spirituellen Dimensionen und Möglichkeiten von so etwas Einfachem wie Nahrung und gemeinsamem Essen, die ich genauer betrachten möchte.

Nahrung für den Geist

Dass Kochen, Essen und auch Nahrung ‚mehr‘ sind als notwendige Aktivitäten, um am Leben zu bleiben, und immer noch eine ‚andere‘ Dimension haben, ist nicht nur die Sicht von Ethel Portnoy oder Mary Frances Fisher. Auch Anthropolog*innen, Kulturwissenschaftler*innen, Psycholog*innen, Ernährungsspezialist*innen und Religionswissenschaftler*innen weisen auf die Vielfalt von Bedeutungen hin, die mit Nahrung verbunden sind. Nahrung hat ökonomische, soziale, psychologische und symbolische Dimensionen. Es ist spezifisch für Menschen, schreiben Louise Fresco und Helen Westerink in der Einleitung von *Verraad, verleiding en verzoening. De rol van eten in speelfilms*, dass Nahrung nicht nur eine Lebensnotwendigkeit ist, sondern auch und vor allem Bedeutungsträger. Damit ist das Essen auch „food for thought", wie es auf Englisch so schön klingt, Nahrung für den Geist. Nahrung gibt zu denken, nicht nur bildlich, sondern auch dem Wortsinn nach. Wir sind uns nicht immer dessen bewusst, dass die Lehre von der Ernährung eine der ältesten Formen des Wissens ist.

Um leben zu können, um als Mensch zu leben, das spricht aus diesen Annäherungen, muss nicht nur der Leib, sondern müssen auch Seele und Denken ernährt werden, bildlich und wörtlich genommen. Aber noch einmal: Ist das nicht ein romantischer Ansatz zum Verständnis von Essen und Nahrung in einer Zeit, in der Nahrung genauso wie der Rest des Lebens vor allem ‚schnell‘ sein muss? Fast Food scheint wenig Möglichkeiten für Gemeinschaft zu bieten, geschweige denn eine eventuelle sakramentale Dimension des Essens zu eröffnen. Ist zusammmen zu essen und dabei etwa ‚mehr‘ zu erleben vielleicht eine prächtige Sache, aber gleichzeitig vor allem Erinnerung an eine andere, frühere und damit definitiv vergangene Zeit? Bietet das Essen wirklich eine Möglichkeit, zu sich selbst zu kommen, daheim zu sein, einen ‚wärmenden Wohnort‘ zu finden?

Trotz aller dieser skeptischer Fragen sehe ich in unseren gegenwärtigen, hastigen Kulturen Spuren des Anderen, Zeichen dafür, dass diese religiöse Dimension des ‚mehr‘ nicht verloren gegangen ist. Spuren, die ich vorläufig als Zeichen eines Verlangens nach Identität und nach Gemeinschaft bezeichnen möchte.

Zusammen kochen

Ich habe schon seit Jahren einen Essclub mit Freund*innen. Ungefähr dreimal im Jahr kommen wir zusammen, kochen füreinander und miteinander. Wir sind keinesfalls der einzige Essclub in den Niederlanden. Anscheinend organisieren immer mehr Menschen Koch- und Essensevents in allen möglichen Variationen. Vom wöchentlichen Pasta- oder Eintopfessen mit den Nachbar*innen bis zu einer Zusammenkunft mit kulinarischen Höhepunkten zweimal im Jahr, dann allerdings nicht mit Bekannten; von Kinder-Kochpartys bis zu Teambildungs-Koch- und Essabenden unter Anleitung durch richtige Fachleute. Und das alles gecoacht oder sogar angetrieben von den zahllosen Kochprogrammen, Kochzeitschriften und kulinarisch hochstehenden Informationen in den sogenannten ‚seriösen‘ Medien. Geht es hier um Aufmerksamkeit für das Essen aus purem Überfluss, ermöglicht durch den zunehmenden Wohlstand? Ist es ein Anzeichen für den Mangel an echten ‚Freizeitaktivitäten‘? Oder meldet sich in diesen Koch- und Esszusammenkünften doch etwas von dem, was Fisher als ‚mehr als unsere Leiber‘ bezeichnet? Kann man sie als Spuren des Verlangens kennzeichnen?

Die Tatsache, dass von Nachbarhäusern und Kirchen, ja sogar von Theatern, interkulturelle Mahlzeiten organisiert werden, um Verständnis, Respekt und Kommunikation untereinander zu fördern, scheint mir in diesem Zusammenhang nicht unwichtig. In diesem zusammen Essen, im Teilen von Gerichten, Gewürzen und Essgewohnheiten bringen die Teilnehmer*innen etwas von ihrem eigenen Zuhause mit, um andere zuschauen, riechen und probieren zu lassen. In und durch ihre Nahrung zeigen sie, wer sie sind, woher sie kommen und worüber sie verfügen. Und die anderen sind herzlich eingeladen, das mit ihnen zu teilen und so miteinander zu kommunizieren, auch wenn es sprachlich noch nicht klappt.

Diese konkreten, sinnlichen Aktivitäten im Zusammenhang mit alltäglichen Dingen wie Kochen und Essen bringen Menschen anscheinend zum Austausch und zur Zusammengehörigkeit, mehr, als es allerhand schöne Worte oder Theorien tun können. Zusammen zu kochen und zu essen bringt Menschen zusammen und damit möglicherweise auch auf neue Weise zu sich selbst, diese These würde ich wagen. Man schaut, riecht und probiert nicht nur in der Küche von anderen, sondern der andere wird auch dazu eingeladen, in deine Küche zu schauen. Damit blickt man, und sei es auch nur kurz, durch die Augen des anderen in die eigene Küche. Mit fremden Augen zu schauen kann aufdeckend und offenbarend sein. Diese Art von sinnlichen und mit Essen verbundenen Erfahrungen wird oft in Metaphern und Sprichwörtern übersetzt, die die wörtliche Bedeutung der Ausdrücke übersteigen. ‚Einen kurzen Blick in die Küche tun‘ als Ausdruck für das Erschließen von Erkenntnis, die wichtig ist, bietet dafür ein schönes Beispiel. Es macht deutlich, dass symbolische Bedeutungen ihre Grundlage oft in der konkreten Wirklichkeit haben. Für das Essen gilt das in ganz besonderem Maß: es ist tägliche Kost, jeder isst und ziemlich viele Menschen kochen.

Nahrung und Identität

Nahrung gehört zu den Grundbedürfnissen aller Lebewesen. Unsere leibliche Existenz, die Grundlage der Existenz wird zum Teil bestimmt durch die Nahrung, die wir zu uns nehmen, und von ihrer Qualität. Essen scheint dann auch eines der selbstverständlichsten Dinge auf der Welt zu sein. Historische und anthropologische Untersuchungen zeigen aber, dass das Essen tatsächlich ein sehr komplexes, oft in hohem Maß ritualisiertes Geschehen ist. Wie gesagt, hat Nahrung eine ausgeprägte symbolische Funktion und wird von vielen Anthropolog*innen sogar als das ‚symbolische Medium par excellence‘ betrachtet. Uns werden unsere Ess- und Trinkgewohnheiten und die dazu gehörenden religiösen, sozialen und kulturellen Codes nicht nur im übertragenen Sinn, sondern auch wortwörtlich mit dem Breilöffel eingegeben. Die Auswahl unserer Nahrung, die Art und Weise, mit der sie zubereitet wird, wie wir essen und mit wem: es spiegelt die Weltanschauung und die praktische Weisheit einer Gemeinschaft wider.

Viel stärker, als uns in der Regel bewusst ist, bestimmt Nahrung und alles, was damit zusammenhängt, die soziale, kulturelle und auch religiöse Identität sowohl von Individuen wie von Gruppen. Viele Ernährungsgewohnheiten haben ursprünglich eine religiöse Dimension oder sind Teil einer religiösen Tradition. Das fällt natürlich am meisten in einer multireligiösen Umgebung auf, wie seit langer Zeit im Nahen Osten. Wie eine islamische marokkanische Frau der Anthropologin Marjo Buitelaar erzählte: ‚Christen essen Schweinefleisch, Juden Hühnerfleisch und wir Rindfleisch.‘ Aber auch in einem überwiegend christlichen Land wie den Niederlanden konnte man noch vor vierzig Jahren den Unterschied zwischen Katholiken und Protestanten an den Mahlzeiten ablesen, man denke nur an die typisch katholischen Fasttage oder an den freitäglichen ‚Fischtag‘.

Die Bedeutung von Nahrung und Essen wirkt auch in die andere Richtung. Das heißt: religiöse Traditionen können Grundlage für viele kulturelle Essgewohnheiten sein, zur Veranschaulichung religiöser Ideale wird oft auf das Essen verwiesen. Wir kennen das Reich Gottes als das Land, in dem Milch und Honig fließen; wir sprechen vom Hungern und Dürsten nach der Gerechtigkeit, wir werden zum Mahl des Herrn eingeladen. In unzähligen biblischen Erzählungen spielen Nahrung und die Mahlzeit eine zentrale Rolle. Auch in religiöser Hinsicht erzeugen die so ausdrücklich im Leib verwurzelten sinnlichen Erfahrungen, die man beim Kochen und bei der Mahlzeit machen kann - riechen, probieren, sehen, fühlen und hören - offenbar eine Erkenntnis, die auf ein ‚mehr' verweist, auf eine Dimension, die eine spezielle Tiefe vermittelt. Diese Erfahrungen können eine Offenheit entstehen lassen, die Bedingung für Respekt, Gemeinschaft und Solidarität ist.

Mehrdeutigkeit von Nahrung

Gleichzeitig sind Kochen und Essen genau wie alle anderen täglichen Verrichtungen immer mehrdeutig. Es gibt keine Garantie dafür, dass sich eine Dimension von Offenheit und Tiefe auch wirklich einstellt. Genauso wie irgendwo zu wohnen nicht bedeutet, dass man dort zuhause ist. Die unvermeidliche Mehrdeutigkeit von Nahrung hat zur Folge, dass das Alltägliche sowohl banal und ekelig als auch Ort der Ruhe, Gemeinschaft und Sakralität sein kann. In der Nahrung kommt die prinzipielle Mehrdeutigkeit des Daseins als solchem zum Ausdruck. Denn Kochen, Essen und Nahrung sind Dinge, die Bemühen und Aufmerksamkeit verlangen, Warten und Geduld, und gleichzeitig schnelles und zielgerichtetes Handeln. Jeder, der irgendwann einmal kocht, kennt das aus eigener Erfahrung. Nahrung und ihre Zubereitung brauchen zumindest gewisse Kenntnisse über Essen, Gewürze, Zubereitungstechniken und Materialien, gleichzeitig ein hohes Maß an Improvisation. Die Qualität und Verfügbarkeit der Zutaten ist nie ganz vorhersehbar, ebenso wenig wie das ‚Gelingen' eines Gerichts. Es kann sich immer anders entwickeln. Auch Nahrung als solche ist in hohem Maß instabil: die Zubereitung kann nie ‚sauber' erfolgen, Nahrungsmittel ergeben Abfall, der unvermeidlich verfaulen und stinken wird. Auch das schönste Gericht verliert sehr schnell seine Anziehungskraft.

Nahrung, so die Kultursoziologin Deborah Lupton, ist indirekt mit der Sterblichkeit des menschlichen Körpers verbunden, sie lässt an das unvermeidliche Vergehen der lebendigen Materie denken. Darin liegt letztlich die Ambiguität von Nahrung. Lupton nennt das in ihrem Buch *Food. The Body and the Self*'‚bedrohlich, unrein und gleichzeitig lebensnotwendig und eine Quelle von Genuss' (S. 3). In dieser Hinsicht ähnelt ihre Beschreibung der Nahrung dem, was der bekannte Religionssoziologe Rudolf Otto über das Heilige schrieb: es ist angsteinflößend und faszinierend, *tremendum et fascinans*, auch auf eine ganz alltägliche und unbewusste Weise. Nahrung ist als organisches Produkt verletzlich, wie auch die Aktivität des Essens ein bestimmtes Risiko der Verletzlichkeit impliziert: man kann ja auch davon krank werden.

Die Auswirkungen der Zubereitung von Nahrung sind außerdem nicht ‚fest', was übrigens auch für andere Formen der Arbeit im Haushalt und in der Pflege gilt. Die Ergebnisse ‚vergehen', sie sind nicht fassbar oder bleibend, es sei denn in den gesundheitlichen Effekten guter Ernährung. Eine gelungene Mahlzeit erzeugt Unordnung statt Ordnung - eine Küche voller Gerümpel und Abwasch. Glücklicherweise ist selbst das nicht von Dauer. Könnte das, abgesehen davon, dass es durchgängig ‚Frauenarbeit' ist, einer der Gründe dafür sein, weshalb das Kochen kaum als gesellschaftlich wichtig betrachtet wird? Kochen und Essen sind aufgrund der täglichen Wiederholung zum Teil Routinearbeit und konventionell, schaffen aber durch eben diese Wiederholung gleichzeitig Ordnung und Momente der Ruhe im Tag. Momente der Besinnung und Erinnerung und Momente von Austausch und Kontakt.

Aber Kochen und Essen leisten noch mehr als das Stiften einer kulturellen oder religiösen Identität: anhand des Nahrungsmittels, das vor uns steht, und der Weise, in der und mit wem es verzehrt wird, unterscheiden wir nicht bloß allerlei Rituale, Traditionen und Feste, sondern auch Jahreszeiten und sogar die Zeiten des Tages. Mahlzeiten sind starke Ordnungsprinzipien für das alltägliche Leben. Obwohl die tatsächliche Mahlzeit stark an einen konkreten sozialen und kulturellen Kontext gebunden ist, gilt das praktisch weltweit.

Diese ordnende und in hohem Maß durch Konventionalität bestimmte Dimension des Essens ist gut verankert. Dadurch, dass es ein Verständnis für Ort und Zeit vermittelt, bringt uns Essen im wörtlichen wie übertragenen Sinn des Wortes nach Hause. So bietet die Mahlzeit, trotz und dank dieser Konventionalität, in ganz besonderem Maß eine Möglichkeit und eine Form für ein ‚mehr'. Und vielleicht ist es genau die Kombination von Gewohnheit und nicht programmierbarer oder organisierbarer Offenheit, die dem Essen eine eigene Dimension verleiht, wodurch eine Mahlzeit auch ein Moment des besonderen Zusammenseins werden kann. Durch die Selbstverständlichkeit, die Ruhe oder den Moment von Aufmerksamkeit, die eine Mahlzeit sein kann, kann in Konflikten vermittelt werden und kann man sich um Versöhnung bemühen. Nicht zufällig ging das EO-Fernsehprogramm *Het Familiediner*, in dem versucht wird, zerstrittene Familienmitglieder während eines kleinen Essens wieder zusammenzubringen, 2012 schon in die zwölfte Staffel! Mahlzeiten bieten in besonderem Maß Gelegenheit dazu, Gemeinschaft zu stiften und zu festigen. Selbst zwischen Gruppen und Menschen, die einander vorher fremd waren. Durch den konventionellen und selbstverständlichen Charakter der täglich wiederkehrenden Notwendigkeit des Essens sind Mahlzeiten Ereignisse und Handlungen, durch die Tragik, Verdruss oder Freude besprochen, gefeiert oder in Erinnerung gerufen und in den Rhythmus des Lebens aufgenommen werden können.

Wir müssen nicht nur an die größeren Ereignisse denken wie an das Familienessen an Weihnachten oder am Zuckerfest, ein Begräbnisessen oder auch an den Geburtstagszwieback mit Aniskörnern. Auch während der alltäglichen Mahlzeiten können Enttäuschungen, Verwunderung und Freude einen Platz im Leben erhalten. Das kann für diejenigen gelten, die an der Mahlzeit teilnehmen, aber auch für diejenigen, die die Nahrungsmittel ‚schenken‘, zubereiten oder anbieten. Man denke nur an die vielen Tassen Tee, die Kuchen, Süßigkeiten, Törtchen, Schokolädchen und Schnäpschen, die als Trost angeboten werden, wenn die Worte und Gesten fehlen. Die sprichwörtlichen ‚Tässchen Trost‘. Dabei zeigt sich die ganz eigene kommunikative und empathische Dimension, die mit Essen verbunden ist. Mehr als durch Worte wissen sich Menschen durch die Geste des Reichens getragen, in der Komplexität ihrer Existenz anerkannt, in ihrer Andersartigkeit wie in ihrer Gleichheit. Sie sind, und sei es nur kurz, bei sich selber und untereinander zuhause.

In der Küche des Gedächtnisses

Auf bestimmte Weise sind diese Erfahrungen nicht an eine faktische Wohnung gebunden, sondern an die sinnliche Kraft des Körpers. Heimatlose, Flüchtlinge, Obdachlose, Emigranten oder Reisende können beim und durch das ‚Essen wie daheim‘, und das am besten mit anderen, sich zumindest teilweise an ihrem fremden Ort zuhause fühlen, sich in ihrer Identität gefestigt und erkannt wissen. Das erinnernde Potenzial von Nahrung, das Riechen, Sehen, Fühlen und davon Probieren und der miteinander geteilten Mahlzeit ist unvorstellbar groß. Die Mahlzeit bildet nicht zufällig den Mittelpunkt der Eucharistie in der katholischen Kirche, auch wenn es den Anschein hat, als wäre die richtige Theorie zu ihrer Interpretation wichtiger als die sinnlichen Dimensionen.

Wie stark sowohl das erinnernde wie das gemeinschaftsstiftende Vermögen von Nahrung ist, wird auf eindrucksvolle und rührende Weise sichtbar in dem Buch *In de keuken van het geheugen*, unter der Redaktion von Cara De Silva. Es handelt sich um eine mit Einleitungen versehene Ausgabe eines handgeschriebenen und eingenähten Notizbüchleins mit Rezepten von Frauen aus dem Konzentrationslager Theresienstadt. Die Frauen tauschten sehr aktiv Rezepte aus, erzählten einander von ihren früheren Mahlzeiten, was sie aßen, wie die Art der Zubereitung aussah. Sie erzählten von ihren Küchen, ihren Töpfen und Pfannen, ihrem Haus. Dieses Erzählen von früheren Mahlzeiten in einer Zeit extremen Hungers lässt sich als Akt des Widerstands betrachten, ein Aufstand des Geistes gegen ein Regime, das darauf aus war, den Körper zu vernichten. Und obwohl auf der Hand liegt, dass sich im Allgemeinen mehr Frauen als Männer mit Rezepten beschäftigten, ist, so De Silva in ihrer Einleitung, mindestens ein Kochbuch bekannt, das während des Kriegs von Männern zusammengestellt wurde.

In de keuken van het geheugen ist ein Zeugnis der Flexibilität der Frauen in Theresienstadt, ihrer Verbundenheit miteinander und ihres Glaubens an das Leben. Es bezeugt die Kraft von Nahrung, Menschen nicht nur körperlich, sondern in diesem Fall vor allem auch geistig aufrechtzuerhalten. Weil Nahrung und Esskultur einen so wichtigen Aspekt der individuellen und kollektiven Identität darstellen, stärken diese Erzählungen über ihre eigene Kochkunst, über gemeinsame Mahlzeiten die Subjektivität dieser Frauen und ihre Gemeinschaft untereinander in einer Situation der Entmenschlichung. Die Einleitung zu diesem Kochbuch hält zu Recht fest, dass wir nie erfahren werden, ob diese Rezepte tatsächlich Trost und Hoffnung auf eine andere Zukunft verliehen haben. Aber mir scheint, dass diese

Frauen in und durch ihre Erzählungen über Nahrung, Kochen und gemeinsames Essen einen wärmenden Aufenthaltsort geschaffen haben – zumindest kurz.

Das Geheimnis des Kochens

Es werden viel ,tiefergehende' Gespräche beim Kochen, bei der Mahlzeit und beim Abwasch geführt, selbst wenn dabei nur über das Essen gesprochen wird, so haben wir oben gesehen. Aber es ist nicht notwendig. Die tiefere Dimension ergibt sich nicht bei jeder Mahlzeit, und die Wohltat der Sakramentalität der Mahlzeit kündigt sich nicht immer bewusst an. Vielleicht liegt darin eines der Geheimnisse solcher alltäglichen Ereignisse wie des Kochens und gemeinsamen Essens: sie schaffen Bedingungen für Mitleid, Respekt und Gemeinschaft und bieten Aussicht auf das Religiöse, auf Formen des ,mehr'. Ob so etwas wirklich geschieht, haben wir nur zum Teil in der Hand. Wir können dafür nur die Fenster unserer Häuser, die Poren unserer Haut und alle unsere Sinne öffnen.

6. Geschirr der gehobenen Art

Ich habe eine stille Leidenschaft für angewandte Kunst. Darunter verstehe ich nicht nur Architektur oder Wasserbau, also Gebäude und Brücken, sondern ebenso Geschirr, Schmuckstücke, Möbel und alles das, was derzeit unter den Begriff Design fällt. Ich bin verrückt danach. Das wird mit meiner praktischen Veranlagung zusammenhängen, aber auf die eine oder andere Art bin ich fasziniert von Künstler*innen, die ihren Idealen, ihren Visionen und ihrem Können als Fachmann oder Fachfrau in Gegenständen, die mit der Wirklichkeit und dem alltäglichen Leben eng verbunden sind, eine Form geben können.

Der Begriff angewandte Kunst ist eigentlich ein neuer, manchmal abwertend gebrauchter Ausdruck. Als ob angewandte Kunst weniger Kunst sein könnte als das, was ‚freie Kunst‘ genannt wird. Manche meinen, dass erst in der freien oder autonomen Kunst deutlich wird, was echte Kunst und echte Schönheit ist. Es ist ein wenig mit dem Unterschied zwischen ‚Wissenschaft‘ und ‚angewandter Wissenschaft‘ vergleichbar. Man sagt, angewandte Kunst habe wie die angewandte Wissenschaft einen auf die Praxis ausgerichteten Nützlichkeitsaspekt. Die Praxis- oder Lebensbezogenheit nimmt Kunst unzweifelhaft ihren gehobenen und ehrwürdigen Charakter und - das folgt oft daraus - damit auch ihren ‚wahren‘ und ‚schönen‘ Charakter.

Wer aber ein Handbuch der Kunstgeschichte aufschlägt, wird feststellen, dass das, was als angewandte Kunst bezeichnet wird, einen beträchtlichen Anteil der Geschichte der ‚echten‘ Kunst geprägt hat. Ob es jetzt um die Architektur im alten Ägypten oder Griechenland geht, um Gebrauchsgegenstände wie

Schalen, Krüge und Becher - und seien sie in Gräbern gefunden worden -, um Goldschmiedekunst für gottesdienstliche Zwecke, Schmuckstücke aus allen Jahrhunderten oder um prächtig illustrierte Handschriften: das alles und noch mehr bildet eine ununterbrochene Linie in der Geschichte der Künste. Was uns davon in Museen begegnet, wird nicht mit dem Prädikat ‚angewandt' präsentiert, sondern ist einfach Ausdruck von Kunst in länger oder kürzer vergangenen Zeiten, oder stammt aus nicht-westlichen Kulturen. Das ist auch nicht abwegig. Angewandte Kunst kann durchaus einen Nützlichkeitsaspekt haben oder auf den Gebrauch im täglichen Leben ausgerichtet sein; damit ist noch nicht jeder Gebrauchsgegenstand als solcher schon Kunst. Es bleibt dann auch ein Unterschied zwischen einem bloß schönen Gebrauchsgegenstand und einem ganz besonderen Objekt.

Menschen fühlen das oft spontan. Auch im eigenen Haus werden die schönsten Gebrauchsgegenstände, etwa Vasen und Schalen oder das ‚schöne Geschirr', meist nicht gebraucht, sondern ausgestellt. Und es sind die größten Künstler, die dazu eingeladen wurden oder werden, die Bilder in Kirchen, Porträts von Hochgeborenen, Gedenksteine oder ansehnliche Gebäude (früher die Paläste und Kirchen, heute die Museen und Bürogebäude) zu fertigen. Wie sie auch angefragt werden, das königliche Geschirr, die Wandteppiche in einem Gerichtsgebäude, Etiketten für einen besonderen Wein, Ehrenmünzen einer Gemeinde oder von Vereinigungen oder kunstvolle Beziehungsgeschenke zu entwerfen. Besondere Räume, Gelegenheiten und Menschen verdienen besondere Gegenstände.

Geschirr

Von allen unterschiedlichen Erscheinungsformen der angewandten Kunst habe ich eine Vorliebe für das, was in Museumsterminologie ‚Geschirr' genannt wird, vor allem für das

Geschirr aus Keramik. Es geht mir um die Vasen, Schalen, Krüge, Becher, Schenkkannen, Teller und alle anderen Gegenstände, an denen sich nicht nur die Entwicklung der keramischen
Kunst zeigt, sondern an denen man auch die Geschichte der
Menschen ablesen kann. Es handelt sich um mit viel Sorgfalt,
Aufmerksamkeit und Kunstsinn modellierte, gedrehte und
konstruierte Formen und Objekte. Sie können reich verziert
und bearbeitet sein. Sie können auch so einfach sein, dass sie in
meiner Wahrnehmung praktisch nur aus Form bestehen. Aber
sie tragen immer die Signatur einer bestimmten Zeit, eines bestimmten Ortes und vor allem eines individuellen Künstlers.
Gleichzeitig, und daher rührt zum Teil auch die Verwunderung
und Rührung, die mich beim Betrachten manchmal überfallen
kann, haben diese prächtigen und durchweg einfachen Gegenstände eine universelle Dimension. Quer durch alle Zeiten und
Kulturen trifft man bei diesem Geschirr auf eine Reihe von
Grundformen. Man stößt auf diese Formen übrigens nicht nur
bei getöpfertem Material, sondern auch bei Materialien wie
Glas, Zinn oder Alabaster. Und es sind diese immer wiedererkennbaren Formen, die von einem Künstler in einer eigen-
ständigen Formgebung zu einer vollständig neuen Vase oder
Schale erschaffen werden.

Für mich ist Geschirr eines der eindrucksvollsten und kon-
kretesten Beispiele für das offenbar allgemeine menschliche
Bedürfnis, auch elementare Gebrauchsgegenstände mit Aufmerksamkeit und Schönheit zu versehen, um sie einzigartig
zu machen. So werden sie spezifisch für eine Zeit und einen
Ort, für eine bestimmte handwerkliche Kunstfertigkeit. Japani-
sche Teetassen aus dem 15. Jahrhundert sind für Kenner*innen
sofort auszumachen, während Lai*innen zumindest wahrnehmen, dass es sich nicht um niederländisches Teegeschirr aus
unserer Zeit handelt. Dennoch haben die Formen durch ihren
elementaren Charakter ein hohes Maß an Wiedererkennbar-

keit. Becher bleiben Becher, Schalen bleiben Schalen. Bei aller möglichen Fremdheit haben sie eine vertraute Form.

Töpferkunst

Keramik oder Töpferkunst ist eine der ältesten Kunstformen der Welt. Vieles von dem, was wir über die Geschichte der Menschheit wissen, wird an getöpferten Gegenständen abgelesen. Töpfe, Krüge und Trinkbecher gehören zu den ältesten menschlichen Gebrauchsgegenständen. Sie werden dazu gebraucht, um Essen zuzubereiten und aufzubewahren, und sind, zusammen mit der Erfindung des Feuers, durch das wir kochen konnten, ein wichtiges Glied in der menschlichen Evolution. Das ursprüngliche Material, Ton, ist fast überall auf der Welt im Überfluss vorhanden. Ton, ein natürliches Material, kennt eine große Zahl an Varianten, und im Kontakt mit Feuer, dem zweiten Grundelement der Keramik, führt das zu einer unvorstellbaren Vielfalt an besonderen Ausprägungen. Wenn das mit der schöpferischen Kreativität und dem Können eines Künstlers kombiniert wird, kann ich nicht anders, als von der besonderen Verbindung von Einfachheit und Raffinesse beeindruckt zu sein.

Mir wird erst beim Schreiben klar, dass die Anziehungskraft der Keramik für mich nicht nur mit der Form und dem Ausdruck des Partikularen - diese Schale und diese Kanne - und des Allgemeinen daran zu tun hat. Genauso bewegend sind für mich die Reinheit und die Einfachheit des Materials. Außerdem machen die unvermeidliche Unberechenbarkeit und Brüchigkeit des Materials einen Teil der Schönheit aus. Ein*e Töpfer*in kann ja nie wissen, wie die Formen aus dem Ofen kommen. Dazu kommt noch, dass die Töpferkunst nicht nur schon ziemlich lange ausgeübt wird, um das tägliche oder das besondere Geschirr herzustellen, sondern ebenso, um Abbildungen von Gottheiten zu schaffen. Man denke nur an die berühmten

Venusstatuetten aus der frühsteinzeitlichen Periode (sie liegt zwischen 35.000 und 10.000 Jahre zurück), die ja auch aus Ton angefertigt waren. Das Heilige, das Schöne und das Alltägliche sind hier sehr eng miteinander verbunden, ohne dass sie ineinander aufgehen würden.

Es ist reizvoll, darüber nachzudenken, dass eines der ältesten anthropomorphen Gottesbilder das des Töpfers ist. Genesis 2 spricht zwar nicht über Ton und Feuer. Aber das Bild des Gottes, der den Menschen aus Erde bildet und diesen Menschen dann zum Leben erweckt, indem er ihm Atem in die Nase bläst, hat offensichtlich genügend Assoziationen wachgerufen, um das Bild von Gott als Töpfer*in fest zu verwurzeln. Es kann übrigens zu interessanten Einsichten führen, wenn man den Prozess des Töpferns und das Bild vom Töpfer wirklich als Modell für Erschaffen und Schöpfer*in nimmt. Man kann mit der enormen Unterschiedlichkeit des Materials spielen, mit der Bedeutung und den Auswirkungen des Feuers, mit der Unvorhersehbarkeit des Ergebnisses des Brennprozesses und mit der endlosen Unbeherrschbarkeit des Zusammenspiels von schöpferischer Kreativität, Ton und Feuer. Die Schöpfungskraft des Töpfers wird nicht übergangen, aber die Allmacht des Schöpfers wird relativiert und zu einem Teil des kreativen Prozesses gemacht.

Fehltöpfereien

In Makkum (Provinz Friesland) steht der älteste Töpfereibetrieb in den Niederlanden, Koninklijke Tichelaar. Mit allen technologischen Veränderungen durch die Jahrhunderte hindurch bewahrt der Betrieb das handwerkliche Können in diesem Bereich. Aus Liebe zum Produkt nahm die Fabrik 1999 die Zusammenarbeit mit der niederländischen Künstlerin Hella Jongerius auf. Jongerius hatte kurz davor ein Ensemble von Kannen, Tassen, Schüsseln und Tellern aus Porzellan entworfen, dessen Formen sich an alten Scherben orientierten, die im Rotterdamer Museum Boijmans van Beuningen aufbewahrt werden. Bei der Produktion hatte Jongerius eine etwas zu hohe Brenntemperatur gewählt, so dass die ganze Serie nicht perfekt ausfiel. Als ‚Fehlformen' bezeichnete sie Jongerius, fehlerhafte Produkte, und diese Kollektion heißt nicht zufällig das „B-Set". Es sind die bewusst geschaffenen Unvollkommenheiten, kleine Unregelmäßigkeiten, die jede Schale und Tasse anders machen und dadurch das Besondere an Kunstfertigkeit und Handwerk hervorheben. Also ein perfektes Zusammenspiel mit Koninklijke Tichelaar. Jongerius sagt über diese Serie und alle ‚Unvollkommenheiten', die darauf folgten: ‚Ich möchte die Hand des Herstellers zurück ins Spiel bringen. Handwerkliche Spuren in serienmäßig verfertigten Produkten sorgen für reichere Produkte. Die Spuren sind der Beweis dafür, dass für ein Produkt Aufmerksamkeit aufgewendet wird' (*NRC Weekblad*, 13.-19. November 2010).

Hier klingt eine heutige Kritik an der fast klassischen göttlichen Allmacht an, die der Formgebung und den Produktionsprozessen zuerkannt wird. Sie streben eine Form von Vollkommenheit an, aus der das Leben verschwunden ist und die deshalb, wie Jongerius formuliert, ‚kalt und abstrakt' geworden ist. Das Aufrufen des nicht Beherrschbaren im alten Töpferhandwerk und die Wiedererkennbarkeit der Hand des Herstellers in den ‚Fehlformen' verleihen dem „B-Set", dieser Sammlung ebenso besonderer wie alltäglicher Gebrauchsgegenstände, eine eigene Vitalität und Schönheit.

7. Gott schmecken: *Babette's Feast*

Es ist bemerkenswert, wie oft Nahrungsmittel in der Kunst, der Literatur und im Film vorkommen. Nahrung ist nicht nur lebensnotwendig, sondern regt aus verschiedensten Gründen in hohem Maß die Fantasie an. In ‚Essfilmen' wird dann auch nicht nur gegessen. Mehr als einmal werden in ihnen wichtige Erzählstränge anhand des Kaufs und der Zubereitung von Nahrung entfaltet, von gemeinsamen oder einsamen Mahlzeiten, von Gesprächen über das Essen. Auch die Produktionsprozesse von Nahrungsmitteln, der Wechsel der Jahreszeiten, Nahrungsknappheit oder Nahrungsüberfluss, Ernährungsobsessionen und Essstörungen können einer filmischen Erzählung die Richtung geben. Nicht selten sind Essen, Liebe und Erotik eng miteinander verbunden. In dem oben schon erwähnten Buch *Verraad, verleiding en verzoening* beschreiben Louise Fresco und Helen Westerik die Rolle von Nahrung in zwanzig Spielfilmen seit dem Aufkommen des Films. Offensichtlich ist der Film ein geeignetes Medium dazu, die Mehrdeutigkeit von Nahrung und die kulturellen und religiösen Bedeutungen, die Nahrung und Essgewohnheiten zuerkannt werden, auf eindringliche Weise einem großen Publikum sichtbar zu machen. Durch ihre visuelle und auditive Kraft können gut gemachte Filme die Bedeutung von Nahrung stärker verdeutlichen, als ein Essay, eine Lesung oder eine Dokumentation das vermögen.

Das hat außer mit den filmischen Qualitäten auch mit dem narrativen Charakter von Spielfilmen zu tun. Genauso wie eine gute Erzählung vermittelt auch ein guter Film Einsicht in die verschiedenen Dimensionen des Lebens als solchem. Eine gute (Film-)Erzählung stellt Fragen, macht sichtbar, was verborgen ist oder selbstverständlich scheint, vermittelt Einsichten, spiegelt, schafft Bedeutung. Die Rolle der Sinnesorgane ist dabei von entscheidender Bedeutung. Im besten Fall aktivieren Essfilme bei den Zuschauern nicht nur Augen und Ohren, sondern rufen auch den Geschmack, den Geruch und das Anfühlen von Nahrung auf. Wie ansteckend das alles sein kann, sieht man auf Webseiten mit Rezepten aus Essfilmen im Internet, darunter auch die des Films, der in diesem Kapitel behandelt wird: *Babette's Feast*.

Theologisches Interesse

Angesichts der wichtigen symbolischen Bedeutung von Nahrung in praktisch allen Religionen nimmt es nicht Wunder, dass es auch unter Theolog*innen und Religionswissenschaftler*innen ein wachsendes Interesse für Essfilme gibt. Übrigens auch für Filme von anderen Genres, was zu der Überzeugung passt, dass die gegenwärtige Popkultur ein lebendiges Medium für die Vermittlung und Erhellung von Sinn und Bedeutung darstellt. Kultur im Allgemeinen und Popkultur im Besonderen werden als wichtiger Ort dafür betrachtet, Spuren des Sakralen zu entdecken. Ich schließe mich dem gern an, auch wenn ich anders als viele Theolog*innen weniger an den klassischen christlichen Themen wie Erlösung und Versöhnung interessiert bin, die im Film übrigens auch nicht anzutreffen sind. Ich finde vor allem die Frage spannend, ob Filme, Essfilme, mir etwas über praktische Religiosität und Spiritualität deutlich machen. Zeigen Filme etwas von den religiösen oder spirituellen Bedeutungen der Nahrung, die im alltäglichen Leben anzutreffen sind? Was bringt das für das Nachdenken über Religion und religiöse Praxis?

Aus diesem Grund ist eine Besprechung des klassischen Essfilms *Babette's Feast* mehr als die Mühe wert. Obwohl der Film schon aus dem Jahr 1987 stammt, wird er noch fast jedes Jahr im Fernsehen ausgestrahlt und rangiert noch immer auf Listen der „Top ten" von Essfilmen. Noch interessanter wird er für mich dadurch, dass es dabei um einen Film geht, der seit seiner ersten Ausstrahlung bis heute von Theolog*innen und Religionswissenschaftler*innen interpretiert wird. Offensichtlich hat dieser Film einen bleibenden ‚religiösen' Wert. Bevor ich auf den Film genauer eingehe, zunächst zur Handlung.

Babette's Feast: Bier- und Brotsuppe und Blinis Demidoff

Der Film beginnt mit einem „Voice-over", in dem die Hauptpersonen vorgestellt werden: Martine und Phillipa, zwei unverheiratete Töchter eines – schon verstorbenen – lutherischen Predigers, Gründer einer kleinen asketischen Gemeinde an der Küste von Jütland. Die Schwestern haben ihr Leben in den Dienst der Gemeinschaft gestellt. Dann wird die dritte Hauptperson vorgestellt: die französische Haushälterin der Schwestern. Ein befremdlicher Luxus in einem so kleinen dänischen Dörfchen. In Rückblenden wird dann die Lebensgeschichte der beiden Schwestern erzählt und wie die Haushälterin, Babette, in ihren Dienst kam.

In ihrer Jugend waren die beiden Frauen bildhübsch, und viele Männer waren in sie verliebt. Zwei Liebesgeschichten werden ausführlicher dargestellt. Die eine Geschichte handelt von Martine und einem jungen Offizier, Lorens Loewenhielm. Er ist zu seiner Tante in das Dörfchen geschickt worden, um sein zügelloses Leben zu überdenken und seine Lebenseinstellung zu ändern. Er verliebt sich in Martine, aber ihm fehlt der Mut, es ihr zu sagen. Er verlässt das Dorf und geht zur Armee zurück, mit der festen Absicht, eine große Karriere zu machen, was ihm auch gelingt. Die zweite Liebesgeschichte dreht sich um Phillipa und Achille Papin, einen berühmten katholischen Opernsänger aus Frankreich. Als er Phillipa in der Kirche singen hört, bittet er ihren Vater darum, sie unterrichten zu dürfen. Papin kann seine Gefühle nicht verborgen halten, und nachdem sie zusammen ein Duett aus *Don Giovanni* gesungen haben, küsst er ihre Hand. Phillipa bittet ihren Vater, den Unterricht abbrechen zu dürfen.

Jahre danach - die Schwestern sind inzwischen im mittleren Alter - klopft überraschend eine französische Frau an ihre Tür, Babette. Sie hat einen Empfehlungsbrief von Achille Papin dabei. Die Frau musste aus dem Paris des Jahres 1870 fliehen, nachdem ihr Mann und ihr Sohn umgebracht worden waren. Babette bittet die Schwestern um Zuflucht und widerstrebend stimmen sie zu. Papins Brief und die Versicherung Babettes, sie brauche kein Geld, sondern wolle nur in ihren Dienst treten, bewirken, dass sie bleiben darf. Tatsächlich haben sie eine gewisse Angst vor dieser Frau, nicht nur weil sie Papistin ist, sondern sie fürchten französischen Überfluss und Luxus. Sie bringen Babette sofort bei, dass sie einfache Mahlzeiten zubereiten muss, einschließlich der Bier- und Brotsuppe, die an die Armen im Dorf ausgeteilt wird. Die kleine (Glaubens-)Gemeinschaft gewöhnt sich ziemlich schnell an die fremde Frau. Die Menschen nehmen die heilsame Veränderung wahr, die sich durch das Kommen von Babette im Leben der Schwestern und der Gemeinschaft vollzieht. Sie schließen Babette dann auch in ihr tägliches Gebet ein.

Nachdem Babette zwölf Jahre lang in dem Dörfchen gewohnt hat, gewinnt sie zehntausend Francs in der französischen Lotterie - das Lotterielos ist ihre einzige Verbindung, die sie noch mit Frankreich hat. Ohne es Babette spüren zu lassen, befürchten die Schwestern, dass diese nach Frankreich zurückkreist, nachdem sie jetzt Geld zur Verfügung hat. Dann bietet Babette an, auf eigene Kosten ein Festmahl für das jährliche Erinnerungsessen an den Geburtstag ihres Vaters zu kochen. Wieder stimmen die Schwestern widerstrebend zu. Als Babette um zwei Wochen Urlaub bittet, um Einkäufe zu erledigen, werden die Schwestern von Ängsten, bösen Geistern und Schuldgefühlen heimgesucht. Wer weiß, was sie dadurch angerichtet haben, Babette die Zustimmung zu geben, ein großartiges Diner herzurichten! Sie informieren die Gemeinschaft darüber und es wird beschlossen, dass niemand auch nur ein einziges Wort über das Essen sagen wird.

In der Zwischenzeit sehen wir Bilder von einer lebensgroßen Schildkröte, von Vögelchen und von den seltsamsten Zutaten, die ins Dorf gebracht werden. Im letzten Moment kommt auch General Loewenhielm im Dorf an; er wird seiner Tante beim Mahl Gesellschaft leisten. Schließlich wird das Fest aus dem Titel in einer beinahe zwanzigminütigen Sequenz präsentiert. Abwechselnd sehen wir Bilder aus der Küche und aus dem Esszimmer. In der Küche arbeitet Babette mit ihrem ganzen Können. Sie bereitet wirklich fantastische Gerichte zu. Es ist deutlich, dass ihr diese gigantische Anstrengung ungeheuer Spaß macht. Im Esszimmer, umgeben von den ausgesuchtesten Speisen und allen möglichen außergewöhnlichen Getränken, tut die kleine Gemeinschaft ihr Bestes, um vor allem nichts über ihre wunderbaren und sehr besonderen Erfahrungen mit diesem Essen und Trinken zu sagen. Stattdessen erzählen sie einander Geschichten über ihren Gründer und über die spirituelle Weisheit, die sie von ihm empfangen durften.

Während der Mahlzeit genießen die Menschen allmählich und ohne ihr Zutun das Essen und Trinken. Es entsteht eine Atmosphäre der Großzügigkeit und Herzlichkeit, in der sie selbst alle Streitigkeiten beilegen. General Loewenhielm ist der einzige, der sowohl weltgewandt wie Feinschmecker genug ist, um die aufgetragenen Delikatessen erkennen und würdigen zu können. Vergeblich versucht er, seine Begeisterung und sein Wissen auf die Gemeinschaft zu übertragen: der feinste Amontillado-Sherry, Schildkrötensuppe, Blinis Demidoff, Champagner der Marke Veuve Cliquot und ein wirklich sehr berühmtes Gericht, Wachteln im Teigmantel. Er kennt nur einen Ort auf der Welt, wo das Essen von der gleichen Raffinesse ist: das

Café Anglais in Paris mit seinem weltbekannten weiblichen Chef. Von diesem Chef, so erzählt der General, hieß es, er sei imstande, den Unterschied zwischen leiblichem und geistlichem Hunger verschwinden zu lassen und eine Mahlzeit in ein Liebesgeschehen zu verwandeln. Von diesen Erinnerungen und von dem Diner inspiriert, an dem er diesen Chef wiedererkennt, hält er eine Rede, in der er diese Einsichten in einer Sprache zu formulieren weiß, mit der er die Herzen der kleinen Gemeinschaft öffnet.

Er öffnet auch sein eigenes Herz für seine lange verborgenen Gefühle für Martine. Am Ende der Mahlzeit gehen die Gäste in einer Stimmung ihnen nicht bekannter Ausgelassenheit weg. Jetzt endlich gehen die Schwestern in die Küche, wo sie auf Babette treffen, erschöpft, aber voll und ganz zufrieden. Dann erst wird ihnen klar, dass Babette sie nicht verlassen wird. Wo sollte sie ohne Geld hingehen? Zu ihrem Entsetzen merken die Schwestern, dass Babette ihr ganzes Vermögen in ihre Mahlzeit gesteckt hat. Als sie daraufhin ihre Sympathie für Babettes Armut bezeugen, versichert ihnen Babette - beinahe stolz und mit einem Lächeln auf den Lippen -, dass sie, weil eine Künstlerin, niemals arm sei.

Christliche Interpretationen

Babette's Feast basiert auf einer Novelle aus dem Jahr 1958 von Isak Dinesen (Karen Blixen) und wurde vom dänischen Regisseur Gabriel Axel verfilmt. Der Film gewann 1987 einen Oscar als bester ausländischer Film. Die Bedeutung der Nahrung wird durch die sinnliche visuelle Präsentation der Nahrungsmittel bekräftigt, nicht nur während des Festmahls, sondern den ganzen Film hindurch. In den Anfangseinstellungen sieht der Zuschauer das Dorf mit einer Wäscheleine im Vordergrund, an der schöne Plattfische zum Trocknen hängen. Der Film erreicht seinen Höhepunkt in den intensiven und prächtigen Gerichten des Festmahls.

Als ich *Babette's Feast* zum ersten Mal sah, fand ich den Film wunderschön, bescheiden, sympathisch, rührend und gehaltvoll. Ich wurde am meisten von Babettes *sense of food* angesprochen, der so stark im Kontrast steht zu der religiös motivierten Abkehr der Dorfgemeinschaft von jeder Aufmerksamkeit für Nahrung. Es kam mir nicht in den Sinn, den Film als religiös zu betrachten. Erst viel später entdeckte ich, dass viele Theolog*innen eine starke Vorliebe für diesen Film haben, wegen der ‚überdeutlichen religiösen Thematik'. Neben der Tatsache, dass der Film von einer (sektenartigen) religiösen Gemeinschaft und ihrer religiösen Praxis handelt, weisen Theologen auf die Figur der Babette hin, um den religiösen Charakter des Films herauszustellen. Sie wird als eine Art Christusfigur oder als Repräsentantin Gottes betrachtet. In Weiterführung dieser Sichtweise wird das Festmahl als der Höhepunkt des Films angesehen. Es wird als eine eucharistische Mahlzeit bezeichnet, die für die religiöse Gemeinschaft ‚erlösend' ist, oder man spricht über das ‚Selbstopfer' von Babette. Die Eröffnungsbilder, die Hymnen, die gesungen werden, und andere christliche Elemente wie Zitate aus der Bibel und von Martin Luther, verstärken das eucharistische Thema und die Symbolik des Films. Damit, so die meisten Analysen, ist die theologische Relevanz des Films ‚bewiesen'.

Mich stört an solchen Interpretationen, wie leicht sie von diesem schönen kleinen Film zu den großen Themen der christlichen Tradition übergehen: Erlösung, Eucharistie, Sakramente, Beichte, Absolution, Gemeinschaft und Opfer. So behauptet, um nur ein Beispiel auszuwählen, Wendy Wight: ‚Tatsächlich ist *Babette's Feast* so strukturiert, dass der Film die zentrale Dynamik des grundlegenden christlichen Mythos zusammenfasst. Das geschieht durch die Einführung einer Erlöserfigur, die die Welt der Hauptpersonen durch eine liebevolle Tat der Selbsthingabe transformiert' (1997).

Meiner Auffassung nach sind solche Urteile nicht nur eine stark übertriebene christliche Interpretation des Films, sondern - das ist wichtiger - gehen am sinnlichen Charakter und der eigenen religiösen Dynamik des Films vorbei. Es ist von vornherein deutlich, was als religiös zu gelten hat, während man die filmische Wirklichkeit auf eine spezifische Idee reduziert. Christliche Bedeutungen sind mehr oder weniger vorgegeben, und Theolog*innen müssen nur auf sie hinweisen. In diesen Interpretationen kommen die aktuellen und lebendigen Praktiken nicht zur Sprache, die dem Glaubensleben der Dorfbewohner zugrunde liegen.

Ein Gefühl für Essen

Wenn es nicht die explizit christlichen Themen sind, die für mich *Babette's Feast* zu einem theologisch wichtigen Film machen, was dann? Welche religiösen Einsichten kann man in dem Film entdecken, die nicht direkt oder nicht ausschließlich aus dem Festmahl herzuleiten sind? Auch ich suche über das Essen einen Zugang zur religiösen Bedeutung des Films. Es wurde gezeigt, dass in dem Film viel mehr Nahrung vorkommt als bloß das Festmahl. Die visuelle Präsentation der Schwestern ist mit Nahrung verbunden: unter der Wäscheleine mit Fisch sehen wir sie im Hintergrund durch das Dorf gehen. Sie bringen einem armen Mann aus dem Dorf etwas zu essen, und wir sehen ihn beim Essen der einfachen Suppe, die die Schwestern zubereitet haben. Die religiöse Dorfgemeinschaft wird dem Zuschauer vorgestellt, als die Gläubigen vom Herrn singen, der sie nährt. In abwechselnden Bildern sehen wir in der Zwischenzeit Babette in der Küche beim Kuchenbacken und beim Aufsetzen von Tee. Wir sehen sie beim Warten mit dem Dienerinnentablett, bis die Gemeinschaft über die ihnen zugesagte Nahrung zu Ende gesungen hat. Wir sehen, wie die Schwestern Babette ihre karge Art des Kochens beibringen, und wir sehen den einigermaßen verzweifelten Blick Babettes dabei. Wir begleiten Babette dabei, wie sie im Dorf Besorgungen erledigt, wie sie die Bier- und Brotsuppe fertig kocht und diese einem armen Mann bringt. Wir sehen seine Verwunderung und sein dankbares Gesicht, während er Babettes Suppe versucht. Und einige Zeit danach die Enttäuschung in seinem Gesicht, als die Schwestern während Babettes Abwesenheit wieder einmal selber in der Küche stehen. Wir sehen, wie Babette allmählich in die Dorfgemeinschaft aufgenommen wird, mittels der Art und Weise, mit der sie nicht bloß den Preis, sondern vor allem auch die Qualität – den Geruch, den Blick darauf – von Speck und Fisch zur Diskussion stellt. Wir sehen, dass dieser bedrohliche Fremdling, diese Französin, Papistin, Revolutionärin, allmählich in der kleinen, strengen Gemeinschaft akzeptiert wird.

Tatsächlich laufen in dem Film alle Formen des Kontakts über Nahrungsmittel. Angesichts dieses Überflusses an Nahrungsbildern ist es unverständlich, dass die Bedeutung des Essens im Film in den meisten Interpretationen auf das Festmahl eingeschränkt wird und auf die religiöse Transformation, die dabei stattfindet. Aber die Begrenzung der (religiösen) Bedeutung des Films auf diese Szenen kann genauso zu einer zynischen oder spöttischen Interpretation führen: die Veränderungen, die sich während der Mahlzeit ergeben, könnten dann bloß die Folge des Alkoholkonsums von völlig Enthaltsamen sein; die Dorfbewohner sind ‚unter (Alkohol-)Einfluss'.

Es braucht einen umfassenderen Blick, will man der Bedeutung von Nahrung, auch in religiösem Sinn, auf die Spur kommen. In keiner der Interpretationen wird auf die ständige Verwandlung der Nahrung in ein Mittel der Kommunikation hingewiesen, genauso wenig auf Babettes ‚andere' Haltung im Zusammenhang mit dem Essen. Aber das sind wichtige

Elemente im Prozess der Transformation. Der Film lässt eine überzeugende Veränderung im gewöhnlichen Leben der Dorfbewohner erkennbar werden, zum größten Teil hervorgerufen durch Babettes Praxis des Umgangs mit der Nahrung. Nach meiner Auffassung schafft Babettes Gefühl für das Essen eine Sensibilität, die zuvor bei den Dorfbewohnern nicht anzutreffen war. Dieses Gefühl für das Essen hat mit ihrer Aufmerksamkeit für die Qualität der Zutaten, ihrer Sorgfalt im Prozess der Zubereitung, für Geschmack, Geruch, visuelle Präsentation und das Berühren des Essens zu tun. Ihr Gefühl für das Essen lässt eine sinnliche Art des Wissens deutlich werden, verkörperte Erkenntnis, und ist letztlich das beste Mittel für die Kommunikation mit den Schwestern, der religiösen Gemeinschaft und dem Dorf. Mit Nahrung gewinnt sie ihr Vertrauen.

Die Menschen der kleinen Gemeinschaft akzeptieren diese ‚Fremde‘, ihre bis dato unbekannte Sensibilität. Sie übernehmen sogar Elemente davon in ihre eigene Praxis, obwohl ihre Spiritualität und asketische Praxis auf Enthaltung von ‚weltlichen‘ Genüssen ausgerichtet ist. Es geht nicht um spektakuläre Veränderungen, aber Veränderungen sind es durchaus. Gerade diese größtenteils unsichtbare, aber wirkliche Transformation des alltäglichen Lebens und Handelns ist grundlegend. Nur auf dieser Basis kann sich die kleine Gemeinschaft letztendlich für andere, noch unbekannte Sensationen und für andere, erlösende Formen des Umgangs miteinander öffnen. Diese neue Offenheit ist meiner Auffassung nach eine Bereicherung ihrer Lebensqualität.

Gott schmecken

Die transformierenden Geschehnisse, die die Dorfbewohner erleben, nenne ich mit einem schönen Ausdruck der Theologin Mary McClintock Fulkerson ‚Praktiken voller Gnade‘: es sind Praktiken, die Raum für Wohlbefinden schaffen, die es Menschen ermöglichen, in vollerem Umfang Mensch zu werden. Ich muss auch an Ausdrücke wie ,zum Bild Gottes werden' und ,Leben im Überfluss' denken. Das sind Bilder, die wie eine für alle geltende Vision funktionieren, als ein Idealbild, nach dem Menschen streben, ohne genau zu wissen, was es bedeutet. Es ist kein Bild, das festgelegt oder ganz ausgefüllt ist. Es ist eine Vision, ein Horizont. Im Licht dieser Bilder ruht Babettes Festmahl nicht in sich selbst. Im Gegenteil: Einzig und allein im Licht aller Geschehnisse und Veränderungen, die ihm vorausgingen, lässt sich das Fest als ein Höhepunkt der Erzählung verstehen. Die Transformationen, die begonnen haben, sind jetzt unausweichlich. Für die Dorfbewohner*innen bekommen sie auf dem Fest eine ausdrückliche Bedeutung, dadurch dass es General Loewenhielm gelingt, die Veränderungen in für sie wiedererkennbaren Formulierungen der Bibel und des Gründers ihrer Gemeinschaft zu benennen. Ihr früherer Umgang mit der Welt, in dem sie sich gegenüber den ,niedereren' Sinnen verschlossen haben, wird hier durch eine neue Art von Sensibilität bereichert: für den Geschmack, den Geruch und den Tastsinn. Dadurch verändern sich nicht nur ihre religiösen Praktiken, sondern bekommen auch die alten und vertrauten Bibeltexte eine neue Dimension.

Babettes Lebenskunst, ihre ästhetische Sensibilität, die im Geschmack, in Nahrungsmitteln und im Essen zutage tritt, eröffnet sowohl für sie selbst wie für die kleine Gemeinschaft unvermutete, berührende Erfahrungen im Bereich der Gefühle und der Kommunikation, durch die die gesamte Gemeinschaft verändert wird. Wie gesagt: Es geht hier nicht um dramatische Veränderungen. Der Ritualforscher Ronald Grimes merkt zu Recht an: ,Der Film enthüllt nichts Neues, nur das, was zuvor nicht wirklich gesehen oder ausprobiert wurde' (S. 245). Babette verwendet die gleichen Zutaten wie die Schwestern, kreiert aber andere, schmackhafte Kuchen und Mahlzeiten. Ihre Sorgfalt in Bezug auf Nahrungsmittel steht in starkem Kontrast zu der religiösen Verneinung der buchstäblichen Bedeutung der Nahrung, von so etwas Alltäglichem wie dem Essen, durch die Gemeinschaft. In ihrer Praxis des Umgangs mit Nahrung besteht die ästhetische Sensibilität gerade in der Fähigkeit, in dem und durch das Gewöhnliche das Außergewöhnliche sichtbar zu machen.

Warum bin ich der Meinung, es sei sinnvoll, von einem Gefühl für die göttliche Anwesenheit, vom Schmecken Gottes, zu sprechen, wo es um solche einfachen Tätigkeiten geht? Zuallererst wegen der Tatsache, dass diese Praxis das Überleben von Babette sicherstellt. Auch als sich ihre Lebensumstände dramatisch verändert haben, ermöglichen es ihre Ernährungsgewohnheiten Babette, in dieser fremden Umgebung auf eigene Art in der Welt zu leben. Trotz allem, was ihr zugestoßen ist, hat sie Mut zum Leben und weiß sich ihre Lebenskunst aufrechtzuerhalten. Aber auch das erstaunte und erfreute Gesicht des armen Mannes, die stillschweigende Wertschätzung ihrer Gebäckstücke, der Umgang mit den Dorfbewohner*innen - das sind alles kleine Zeichen für die Kraft und den Geist ihres Talents, ihrer Kreativität und der Großzügigkeit, an der sie andere teilhaben lässt. Das Gleiche gilt für die Gemeinschaft. Die ursprüngliche Lebendigkeit und Dynamik ihres Glaubens ist in weite Ferne gerückt. Die alten Menschen gehen miteinander launisch und verbittert um, und die Schwestern kommen nicht gut damit zurecht. Babette verführt sie sozusagen dazu, neu zu leben und über den Geschmack dieses Lebens ins Staunen zu geraten. Ihr Auftreten öffnet sie und stärkt ihren Glauben mit gnadenvollen Erfahrungen. In diesen Erfahrungen ganz gewöhnlicher Menschen werden Facetten einer lebensschenkenden göttlichen Anwesenheit sichtbar. Sie erinnern an die biblische Gestalt der Frau Weisheit, der Vertreterin göttlicher Weisheit, deren Einladung zum Essen und Trinken Leben schenkt. Wie auch die Vorbereitung einer Mahlzeit eine göttliche Kunst sein kann.

Garten

8. Arbeit im Garten als Offenbarung

Von Gesprächen über Saatgut, Blüten und Rasenmäher bis zu Ausflügen in Gartenzentren als Freizeitbeschäftigung und Gartenreisen zu den schönsten Pflanzen - das enorme Interesse in unserer Gesellschaft an Gärten und am Gärtnern ist nicht zu leugnen. Geht es dabei um das allerdings ökologisch nicht zu verantwortende Ausfüllen einer immer größer werdenden Freizeit? Lassen sich Menschen verführen durch die geschwätzigen Prospekte mit Pflanzen und die verlockenden Angebote des Gartenzentrums, das glücklicherweise auch an den oft so langweiligen Festtagen geöffnet ist? Kurz gesagt: Betrifft es eine ‚normale‘ kommerzielle Erscheinungsform einer Kultur des Überflusses, wenn auch in diesem Fall unschuldiger, ja sogar romantischer Art, mit Ausrichtung auf das Bedürfnis von Stadtbewohner*innen nach Natur? Dem wird zweifellos so sein, aber vielleicht haben Gärten und Gärtnern noch andere Bedeutungen, die sogar für das Nachdenken über Spiritualität und Religion eine Herausforderung sind. Ich frage mich, was es in dem Zusammenhang bedeutet, dass gerade Frauen im Garten so emsig tätig und dass Gartenbücher relativ oft von Frauen verfasst sind? Auch Modellgärten wie der von Mien Ruys in Dedemsvaart oder der von Vita Sackville-West in Kent werden nicht selten von Frauen geschaffen.

Bäuerinnen in Afrika

Bei Frauen und ihrem Garten denke ich nicht nur an die Schönheit eines Blumengartens, sondern genauso an die lebensnotwendige Pflege des Gemüsegartens, seit alters her ja auch eine

,Frauensache'. Von unseren frühesten Kulturstufen wissen wir, dass es die Frauen waren, die die Gärten und das Land betreuten, und dass man zum Überleben von der Feldarbeit von Frauen abhängig war, trotz aller heroischen Erzählungen über jagende Männer. Es ist keineswegs Zufall, dass es in Regionen mit viel Armut und Analphabetismus, wo die Landwirtschaft die wichtigste Verdienstquelle darstellt, wie im Afrika südlich der Sahara oder in großen Teilen Asiens, oft die Frauen sind, die in der Landwirtschaft arbeiten. Das heißt übrigens noch lange nicht immer, dass ihnen das Land gehört, sie über die Erträge verfügen können oder darauf Einfluss haben, was und wie produziert wird. Die im Regelfall patriarchalischen Familien, große internationale Unternehmen oder die staatlichen Instanzen haben einen großen Einfluss. Nicht selten ist die Arbeit für Frauen gefährlich, wegen des ungeschützten Einsatzes von giftigen Pestiziden; sie können wegen der zunehmenden Monokultur in der Landwirtschaft nicht einmal die eigene Familie ernähren.

Glücklicherweise nimmt die Aufmerksamkeit für diese Frauen, ihre Feldarbeit und ihre Lebensumstände zu. Es wird immer deutlicher, dass die Entwicklung eines Landes oder einer Gegend in hohem Maß mit der Arbeit, Stellung und Entwicklung der Frauen zusammenhängt. Immer mehr kleine Solidaritätsprojekte sind auf Frauen ausgerichtet. In der *Volkskrant* (23. Mai 2012) las ich den Bericht über eine Reise von niederländischen Bäuerinnen nach Malawi und Uganda im Rahmen des Solidaritätsprojekts „We won't accept hunger". Die Überschrift des Berichts ,Afrikanische Bäuerin als Achse für die Hilfe' bringt gut zum Ausdruck, in welcher Richtung die Lösung gesucht werden muss. Der ironisierende Untertitel lässt dann, in einer Anspielung auf die Erfolgssendung ,Bauer sucht Frau', erkennen, wo das Problem liegt: ,Während zehn männliche Agrarier auf die Suche nach einer Frau gingen, gingen acht niederländische Bäuerinnen nach Afrika im Rahmen eines Projekts zur Überwindung des Hungers'.

Gärtnern in der Bibel

Garten und Gärtnern haben von alters her einen Platz in der Bibel und in der Geschichte des Christentums. Vom Garten Eden, dem abgeschlossenen Garten aus dem Hohelied und dem Garten Getsemani, bis zum Hof des Josef von Arimathäa; vom Bild des Gartens bei Bernhard von Clairvaux, Teresa von Ávila oder Bonaventura bis zu den zahllosen wirklichen, ummauerten Klostergärten. Oft sind allegorische oder symbolische Bilder von Gärten mit Frauen verbunden, allerdings nicht mit einer negativen Konnotation. Das Gärtnern kommt in der Geschichte der Spiritualität vor allem als Ansporn zur Heilung, zum Reinigen der Seele vor. Der Garten als solcher, jede Pflanze und jeder Strauch, ist ja voller religiöser Symbolik: Bäume öffnen ihre Arme im Bittgebet, Sträucher beugen ihre Zweige voll Ehrfurcht vor Gott. Der Garten ist Beispiel für ein Leben in Frömmigkeit und gilt als irdische Spiegelung des Paradieses. Oft wird der Garten auch als dem Chaos der 'wilden Natur' mühsam abgerungen gedeutet. Es gibt zahllose Gemälde, in denen das alles bis heute in mehr oder weniger ausdrücklich christlichen Bildern zum Ausdruck gebracht wird. In den biblischen Büchern begegnet man außerdem Jesus oder Gott selbst in der Rolle des Gärtners und dessen, der den Garten oder das Land bearbeitet. Das erste Bild des auferstandenen Christus ist die Begegnung Maria Magdalenas mit dem Gärtner in Joh 20,15. Der gleiche Johannes legt Jesus die Worte in den Mund: 'Ich bin der Weinstock und mein Vater ist der Gärtner.' In den Gleichnissen findet sich das Bild des Sämanns, etwa in Matthäus 13,1-9. Und Gott wird den Bauern lehren, wie er säen, pflügen und das Land bearbeiten soll, so heißt es in Jesaja 28,26.

Ein Garten kann auch Bild für einen gesegneten Menschen sein: ‚Du gleichst einem bewässerten Garten' (Jes 58,11). Aber was könnten wir heute noch von Gärten, Gärtnern und der Landbestellung in das Nachdenken über Religion und Spiritualität aufnehmen? Gibt es mehr zu lernen, als dass wir die Erde wie ein guter Verwalter behüten? Es hat ja den Anschein, dass dieses Verwalten sich bisher noch nicht zum Besten ausgewirkt hat.

Schwarze Künstlerinnen

Garten- und Landschaftsarchitektur gehört traditionsgemäß zum Bereich der angewandten Kunst. Im Kapitel über Geschirr habe ich schon festgestellt, dass angewandte Künste oft als von geringerem Wert gelten als die ‚hohe' oder wahre Kunst. Sie gehören auch für viele nicht zu den ‚echten' Wissensbereichen. ‚Frauenkünste', sei es Handarbeit, Kochen oder Gärtnern, gelten als weniger wertvolle Bereiche. Es geht dabei ja um Formen des Alltagswissens und der alltäglichen Kreativität, die in der Privatsphäre angesiedelt und auf die elementaren Lebensbedürfnisse ausgerichtet sind, ein in Theologie und Spiritualität unterschätzter Bereich. Aber bei meiner Suche nach diesen unverwechselbaren Formen des Wissens und der Kreativität bin ich nicht die einzige, die auf das Gärtnern gestoßen ist.

Alice Walker schrieb 1983 über den Garten ihrer Mutter. Genauso wie Virginia Woolf zu ihrer Zeit, so erzählt Walker in *De tuinen van onze moeders*, ist sie auf der Suche nach der Kreativität, den Einsichten und dem Wissen von Frauen. Beiden Schriftstellerinnen geht es speziell um Frauen in der ‚Kunst'. Walkers Suche nach schwarzen Künstlerinnen war anfangs nicht sehr erfolgreich. Einer der Gründe ist für Walker, dass sie für den künstlerischen Beitrag schwarzer Frauen auf die verkehrten Orte geblickt hat. Genau wie Woolf ist Walker davon überzeugt, dass es weibliche Genies und Künstler gibt. Aber wie kann man diesen *female genius*, wie Woolf es nennt, finden? ‚Die Antwort ist so einfach‘, sagt Walker, ‚dass die meisten von uns Jahre gebraucht haben, um es zu entdecken‘ (S. 212-213). Sie muss zugestehen, dass sie das auf der Hand Liegende übersehen hat. Bis sie nach Jahren bemerkte, dass die Kreativität ihrer Mutter sich in der Art und Weise ausdrückte, in der sie ihren Garten zu bearbeiten verstand.

> ‚Ich merke, dass meine Mutter nur dann strahlt, wenn sie mit ihren Blumen beschäftigt ist, und das geht fast so weit, dass sie - außer als die, die erschafft: Hand und Augen - unsichtbar wird. Sie taucht ein in die Arbeit, die ihre Seele verlangt. Das Ordnen des Universums nach dem Bild ihrer persönlichen Sicht von Schönheit‘ (S. 216).

Das Künstlerische bei Walkers Mutter, ihre Fähigkeit zum Schöpferischen blieb immer ein Teil ihres täglichen Lebens, trotz der Hindernisse, die sie in ihrem Leben bewältigen musste. Und das gilt für alle schwarzen Frauen aus dem Essay von Walker, die Mütter, Großmütter und Urgroßmütter. Das ist gleichzeitig ein Hinweis, so Walker, auf andere Elemente, die neben der Liebe zur Schönheit für diese künstlerische Ader wichtig sind: nicht nur das Vertrauen auf die eigene Kraft und auf die Möglichkeiten, die das Leben bietet, sondern auch der Wille dazu, von dieser Kraft und diesen Möglichkeiten Gebrauch zu machen.

Neben dem Gärtnern sind es ‚alltägliche‘ Aktivitäten wie Weben, Malen, Singen, das Anfertigen von Quilts oder Dichten, in denen diese Liebe zur Schönheit und das Vertrauen auf die eigene Kraft zum Ausdruck kommen. Und die, so meine ich mit Walker, sind auch Zeichen der Spiritualität, die aller Kunst zugrunde liegt.

Wie lässt sich das alles vom Interesse am Religiösen her weiter ausarbeiten? Ich fand Anknüpfungspunkte in einem Buch über die benediktinische Spiritualität der Arbeit, *Friend of the Soul: A Benedictine Spirituality of Work*, das auf die enge Beziehung zwischen Körper und Geist hinweist. Der Autor, Norvene Vest, führt den Begriff *tender competence* ein, der wegen der verschiedenen Konnotationen von ‚tender‘ nicht so leicht ins Niederländische zu übersetzen ist. Ich verwende vorläufig ‚sanften Sachverstand‘ oder ‚sanfte Kompetenz‘. Mithilfe dieses Begriffs wendet sich Vest gegen einen ‚Grundmythos‘ heutiger Kultur: dass Menschen entweder eine Situation voll und ganz beherrschen oder vollständig hilflos sind. Diese Vorstellung ist eine moderne Variante eines klassischen Dualismus, nämlich von aktiv und passiv. Vest zufolge schließt man Gott in beiden Fällen aus. Bei einer vollständigen Beherrschung der Situation ist Gott überflüssig; völlige Hilflosigkeit wiederum leugnet Gottes Gegenwart. Außerdem werden die Möglichkeiten, die Menschen ja durchaus haben, negiert, genauso wie ihre eigene Kraft und ihre Fähigkeiten, diese zu nutzen. In beiden Fällen verschließt sich jemand gegen die Verwunderung, gegen die Fähigkeit, sich unterbrechen zu lassen, sich anrühren zu lassen.

Im Kapitel über *Babette's Feast* nannte ich diese Fähigkeit eine ästhetische Sensibilität, die besonders im Umgang mit der Materialität von Wirklichkeit in Erscheinung tritt. Vom Gärtnern her betrachtet möchte ich diese ästhetische Empfangsbereitschaft weiter beschreiben als eine soziale und spirituelle Sachkenntnis, die von der Sorge und Aufmerksamkeit für alle Grundbedingungen des Lebens ausgeht. Man weiß dabei um die Verletzlichkeit und Unbeherrschbarkeit des Lebens. Dieses Wissen führt zur Empathie, zur Offenheit für die Bedürfnisse des anderen. Die Elemente Fürsorge, Aufmerksamkeit, Verletzlichkeit, Offenheit und Empathie sind eine genauere

Bestimmung der ‚Zärtlichkeit‘, der Sanftmütigkeit. Sie stoßen in einer Gesellschaft auf Widerstände, die der Unbeherrschbarkeit des Lebens auf alle möglichen Arten zu entkommen versucht und ‚Kompetenz‘ mit *efficiency* und Rationalität gleichsetzt. Es braucht Mut und vor allem geduldiges Durchsetzungsvermögen, so Vest, um den Widerstand gegen *tender competence* auszuhalten. Gerade dieser Widerstand macht deutlich, dass tatsächlich etwas auf dem Spiel steht, dass sich in der konkreten Fürsorge eine Aufmerksamkeit und eine Kraft verbergen, die bedrohlich sind. Mit Vest zusammen möchte ich diese Kraft göttliche Anwesenheit nennen.

Der Begriff der *tender competence* hilft mir dabei, das religiöse Wissen und die Kreativität zu verstehen, die aus der Arbeit im Garten und auf dem Feld entstehen. Dieser Begriff umfasst auch die Ausdauer und praktische Arbeit, die dazu nötig sind, einen Garten wirklich lebensdienlich zu machen und zum Blühen zu bringen. Denn mit der künstlerischen Fähigkeit, der Spiritualität und dem Wissen, die ich vor Augen habe, kommen nicht nur Schönheit und Kreativität in den Blick, sondern ebenso die Grenzen und der Rückschlag, die Verletzlichkeit und die Ambivalenz jedes Lebens. Es geht dabei nicht um Romantik und Nostalgie, sondern um ein buchstäbliches und bildliches Geerdetsein in der Materie, und um die Bereitschaft, mit der Einsicht zu leben, dass wir nie völlig über diese Materie verfügen. Wer einen Garten hat, weiß das. Der Boden, das Wetter, der Wind, Insekten oder eine Pflanzenkrankheit: es kann sich immer etwas Unerwartetes ereignen, und das Ergebnis ist nicht immer das, was man sich erwartet hat. Das macht die Arbeit im Garten nicht weniger reizvoll, notwendig, anstrengend oder angenehm. Es eröffnet ganz im Gegenteil den Weg zur Verwunderung.

Studierzimmer

9. Mit Kopf und Händen

Manchmal kommt es mir merkwürdig vor: hinter dem Computer für mehr Aufmerksamkeit für das Wissen, die Weisheit, die Spiritualität und Theologie des Alltäglichen, für das leibliche, sinnliche Alltägliche zu plädieren. Jedenfalls wenn es um Kochen, Essen, Gärtnern, Töpfern und andere Formen des Handwerks geht, oder um praktische Fürsorge und Verantwortung für Leib und Leben. Diese Aktivitäten scheinen sich ja weit weg von den offensichtlich rein intellektuellen Überlegungen aus dem Studierzimmer abzuspielen. Ist das ein Gegensatz, eine romantische Abstraktion oder eine merkwürdige Art von Ironie? Oder gerate ich hier in die Falle der Gegenüberstellung von Kopf- und Handarbeit, von Körper und Geist, Denken und Tun, dem Abstrakten und dem Konkreten?

Wie steht es eigentlich um das Verhältnis zwischen Körper und Geist, zwischen Kopf und Händen, Denken und Tun? Gibt es beim Nachdenken über Religion und Spiritualität des Alltäglichen einen Platz für das Studierzimmer? Gibt es auch dort Verwunderung über die Zerbrechlichkeit und Widerspenstigkeit des Lebens, über seine unerwartete Schönheit, aber auch die Hässlichkeit und Bosheit? Inwiefern ist die Arbeit in meinem Studierzimmer, deren Ergebnis dieses Buch letztendlich ist, anders als die (männliche) Studierzimmergelehrsamkeit und die intellektuellen Abstraktionen, von denen ich mich mit einer Theologie des alltäglichen Lebens absetze? Agnes Heller, Michel de Certeau, Ada María Isasi-Díaz, Alice Walker, Eve Kosofsky Sedgwick und die ganzen anderen Wissenschaftler*innen, die genau wie ich das Alltägliche und die darin enthaltene Kunst und Erkenntnis dem Vergessen entreißen wollten, schrieben ihre Texte ebenso wenig auf der Straße, im Garten oder bei der Wäsche, sondern meistens in der Abgeschiedenheit ihres Studierzimmers. Ausgenommen vielleicht Hella Haasse und Toni Morrison. Haasse schrieb ihre zahllosen Romane und Essays im Wohnzimmer - wo sie übrigens durchaus einen besonderen Arbeitsplatz hatte - und Morrison schrieb gerne mit ihren Kindern um sich herum.

Ein Zimmer für uns selbst

Es ist schon wieder einige Zeit her, dass Virginia Woolfs *Ein Zimmer für sich allein* als einer der Schlüsseltexte der westlichen Frauenbewegung voll im Fokus des Interesses stand. Obwohl das Buch schon 1929 erschien, hatte es seine Hochzeiten mit vielen Neuauflagen und Übersetzungen in den 70er und 80er Jahren des letzten Jahrhunderts. Schon der Titel gehört zu den heutigen ‚kulturellen Klischees‘. Das Werk selber ist von bleibender Bedeutung; für einige ist *Ein Zimmer für sich allein* sogar das wichtigste Werk der feministischen Literaturkritik. Der Text ist die Bearbeitung einer Reihe von Vorlesungen, die Woolf im Herbst 1928 am Newham College und am Girton College hielt, den einzigen beiden Colleges in Oxford, an denen Frauen seinerzeit studieren durften. Sie wurde gebeten, über das Thema ‚Frau und Roman‘ zu sprechen. Woolf sah sich dazu veranlasst, zu Beginn über ein Zimmer für sie selbst und über Geld zu sprechen, beides unverzichtbar, um einen Roman schreiben zu können. ‚Eine Frau muss Geld haben und ein Zimmer für sich allein, um Romane schreiben zu können‘ (S. 6). Woolf verwies auf die historische und kontextuelle Bedingtheit des literarischen Erfolgs, wobei ihr zufolge das Geschlecht und das sozioökonomische Milieu ausschlaggebend waren. In diesem Zusammenhang beschrieb sie eine fiktive Zwillingsschwester von Shakespeare, ein Bild, das gleichermaßen zum kulturellen Klassiker wurde: genauso talentiert wie ihr Bruder, aber durch das Leben einer Frau in ihrer Klasse der Gesellschaft nicht imstande, genauso geniale Stücke zu schreiben. Das Buch ist voller Beispiele und Beschreibungen, die immer noch zu denken geben. Die Kombination von soziokulturellen und wirtschaftlichen Umständen einerseits und den Auffassungen und Bildern von Frauen und weiblicher Kreativität andererseits galt nicht nur für Romanautorinnen, sondern auch für Komponistinnen, Künstlerinnen und Wissenschaftlerinnen. Wir kennen aus früheren Zeiten nur einige wenige gelehrte oder kunstsinnige Frauen: Hypathia, Sappho oder Christine de Pizan beispielsweise, und einige heilige und einem Orden angehörende Frauen, die nicht nur als fromm, sondern auch als intelligent bekannt waren, wie etwa Katharina von Siena, Hildegard von Bingen, Hadewijch oder Sor Juana Inés de la Cruz.

Und dennoch, sagt Woolf, muss es weibliches Genie gegeben haben. Frauen haben geschrieben, gemalt, komponiert und Wissenschaft betrieben, unter sehr unterschiedlichen und oft mühsamen Umständen, im Regelfall außerdem ohne Anleitung. Feministische Wissenschaftlerinnen haben die Spuren einiger von ihnen aufgefunden. Meistens nicht mehr als einige Fragmente, die oft nach mühsamer und kreativer Suche entdeckt wurden. In den Generationen nach Woolf hat eine wachsende Gruppe von Frauen in Archiven und Bibliotheken, in ihrem eigenen Studierzimmer, am Schreibtisch oder Computer, diese fragmentarischen Schätze aufgeschrieben und ans Licht gebracht. Die Zeiten, Möglichkeiten und Umstände für Frauen haben sich in der Tat verändert und - jedenfalls im Westen - stark verbessert. Das Werk einer unbekannten Zahl von Frauen ist verloren gegangen, ein Los, das sie übrigens mit vielen Männern teilen, die nicht zu einer bestimmten Elite gehörten. Es ist wichtiger, dass die meisten Frauen, wie Woolf vermutete und (wie von mir beschrieben) Alice Walker nach ihr entdeckte, ihr Genie, ihre Kreativität und ihren Intellekt auf andere Weise, an anderen Orten zum Ausdruck brachten. Im Garten oder in der

Küche, hinter dem Webstuhl, mit Nadel und Faden oder mit Ton, in der Fürsorge für andere - kurz gesagt durch die vielen Formen ‚weiblicher' Handwerkskunst.

Buch und Körper

Es bleibt die Frage, ob Frauen - und vielleicht auch Männer - von heute auf eine andere Weise ihr Studierzimmer ‚bewohnen' und zwischen ihrer Arbeit darin, dem Alltäglichen und dem Religiösen und Spirituellen Verbindungen herstellen. Auf diese Frage hatte Woolf, im Horizont der Auffassungen ihrer Zeit, eine Antwort:

> ‚Das Buch muss eigentlich an den Körper angepasst werden und auf gut Glück könnte man sagen, dass Bücher von Frauen kürzer sein müssen, konzentrierter als die von Männern, und so verfasst, dass sie keine langen Stunden ununterbrochener Arbeit benötigen. Denn es wird immer Unterbrechungen geben' (S. 83).

Frauen müssen herausfinden, welches Buch am besten zu ihrem Körper passt, zu den Anforderungen, die dieser Körper stellt, und den Möglichkeiten, die er bietet. Es geht Woolf sicher nicht nur um die Form oder Länge eines Buchs. Sie verweist hier auf die komplexen Lebensverläufe von Frauen und auf die Unmöglichkeit für sie, das traditionelle Ideal eines ununterbrochenen intellektuellen Arbeitstags - ein langer Tag in Ruhe und Abgeschiedenheit - zu realisieren. Man kann im Anschluss daran fragen: Ist das tatsächlich der ideale Arbeitstag und wenn ja, für wen? Wir sind hier bei einer Spielart der uralten und viel gestellten Frage, ob Frauen anders denken. Diese Frage ist nicht eindeutig zu beantworten, obwohl Expert*innen zufolge Frauen offenbar andere Entscheidungen treffen oder andere Möglichkeiten wahrnehmen. Beispielsweise neigen Frauen offensichtlich dazu, auf andere, weniger risikoreiche Art mit Geld umzugehen. Wenn auch Frauen an der Spitze großer Finanzinstitutionen gestanden hätten, wäre die Wirtschaftskrise vor Jahren nicht so massiv ausgefallen. Mehr noch, stellt die Ökonomin Esther-Mirjam Sent im Magazin *Luxity* (2011) fest, ‚die Kreditkrise konnte entstehen, weil zu wenige Frauen in Spitzenpositionen sitzen – die sind vorsichtiger‘. Frauen wären besser als Männer dazu imstande, mehr Dinge gleichzeitig zu tun, zum ‚multitasking‘. Für diese Unterschiede werden sowohl neurologische wie soziale Erklärungen ins Feld geführt. Interessanter als die genauen Unterschiede im Denken und Handeln und deren mögliche Ursachen scheint mir allerdings, die Werte zu verstehen, die sich hinter diesen Auffassungen über Unterschiede verbergen, sowie die Möglichkeiten, die dann bestehen, wenn jemand ‚anders‘ zu denken versucht.

Selbstporträt als Puzzle

Die autobiographischen Schriften von Hella Haasse vermitteln eine zwar zeitgebundene, aber dennoch erhellende Sicht auf die Komplexität des Lebens von Frauen. In *Zelfportret als legkaart*, ursprünglich von 1954, schreibt Haasse:

‚Die tägliche Wirklichkeit von Frauen: Essensreste, fettiges Abwaschwasser, schmutziges Seifenwasser, Haarbündel, Staubnester, kaputte Kleidungsstücke, von Urin getränkte Windeln, Ofenruß, Krümel und Schalen, unordentliche Betten, unaufgeräumte Zimmer, stapelweise Geschirr, das Material für kommende Mahlzeiten: Gemüse und Kartoffeln voller Sand, rohes Fleisch; die Aussicht auf eine endlose Reihe von unvermeidlichen, zeitraubenden Verrichtungen und Erledigungen. Zwingender als das alles die Notwendigkeit, körperlich und geistig ein Transformator zu sein in dem mit unterschiedlichsten Spannungen geladenen Stromnetz der

Umgebung. Die Bereitschaft, zu jeder Stunde am Tag und bei Nacht mit Milde und Überzeugung zu sagen: was ist los, komm mal her, ich werde helfen, sei ruhig, ich erledige es schon' (S. 13).

Haasse beschreibt hier, ,auf unnachahmlich zen-mäßige Art', wie es die Literaturkritikerin Marja Pruis nennt, wie sehr sich das schaffende Wesen der Frauen ihrer Tage während des Stopfens und Fegens abspielte, im Kreislauf von Routinetätigkeiten und alltäglicher Leiblichkeit. Aber Haasse ist kritisch und scharf im Blick auf diese Existenz. Sie möchte nicht mitgehen mit der ,quasi-emanzipativen Frauenzeitschriften-Auffassung' ihrer Zeit, dass Frauen gerade in der alles konsumierenden Entfaltung von alltäglicher Leiblichkeit zu ihrem vollen Menschsein finden können und dadurch - nicht unwichtig - Ansehen erwerben.

,Nein, mein Herr, ich möchte kein Abonnement der vielfarbigen, aus purer Gemütlichkeit zusammengestellten Wochenzeitschriften für Frauen, die Sie mir wie in einem Fächer ausgebreitet als Lockvögel präsentieren. Ich verzeihe den auf der ganzen Welt in bestürzend großen Auflagen verbreiteten Heftchen und Zeitschriften nicht, dass sie die Sphäre, in der die Durchschnittsfrau lebt, ihre Wirklichkeit, jenen Dienst am physischen Existieren des Menschen, zu einem idealen Ziel-um seiner-selbst-willen erheben ...' (S. 17).

Faktisch unterstützen alle diese Blätter, in denen die ,Sphäre der Durchschnittsfrau' verherrlicht wird, die Auffassung, wonach die Frau Hüterin und Repräsentantin der leiblichen Wirklichkeit des Menschen ist. Eine Auffassung, die nach Meinung von Haasse den Primat des Lebens auf eine

,andere Wirklichkeit legt, den imaginären Turm von Babel, von Gewohnheiten und Gesetzen und Systemen, der sich trotz propagierter guter Zielsetzungen in die Wolken erhebt, weit entfernt von den wesentlichen Nöten und Bedürfnissen des homo sapiens. In der Wirklichkeit der Abstraktionen ist Frauen, Kindern, Armen und Parias, Schwachen und Namenlosen keine (andere als theoretische) Rolle zugedacht. Sie sind höchstens Bauern auf dem Schachbrett von Eingeweihten und Machthabenden' (S. 18).

Haasse weigert sich, diese Vision des leiblichen Existierens von Frauen mitzumachen. Gleichzeitig ist sie genauso kritisch gegenüber der Alternative, der von den damaligen Emanzipationsbewegungen als Ideal propagierten Option für ,die andere Wirklichkeit'.

Die klassische Arbeitsteilung nach Geschlechtern in produktive (männliche) und reproduktive (weibliche) Arbeit ist nicht zu überwinden, meint Haasse, indem man einfach von der einen in die andere Welt hinüberwechselt. Die andere Welt des ,freien Menschen' – faktisch die des Mannes – ist ja ebenso wenig frei von Enttäuschung und Verblendung. Haasse kommt zu dem Schluss, auch diese Welt sei nicht die Welt des ,vollen Menschseins'.

Es klingt wie heutiger Feminismus, diese Ablehnung einer dualistischen und genderspezifischen Auffassung von Arbeit, einer ebenso dualistischen Unterscheidung in leibliche (weibliche) und ,echte', abstrakte und intellektuelle (männliche) Wirklichkeit. Haasse versucht diese Trennung zu vermeiden und nimmt die Wirklichkeit im Alltäglichen, ihre eigene Alltäglichkeit, als Ausgangs- und Transformationspunkt. Auch ihr geht es um Wissen, Einsicht und Wahrheit. Denn, so ihre Auffassung, ein anderer Blick auf den ,ewigen Kreislauf von Routineaktivitäten und von alltäglicher Leiblichkeit' bietet unvermutete Möglichkeiten. Transformation, die die eigene konkrete Wirklichkeit zurücklässt, ist ihrer Meinung nach nicht möglich; Transformation muss gerade in und aus der eigenen Umgebung heraus geschehen.

‚Wie kann man erwarten, in einer anderen Wirklichkeit Offenbarung aufzufinden als in der, von der man ständig durch das Leben betroffen ist? Wenn sich uns die Wahrheit zeigt, tut sie das in der Nähe, im vertrauten Material der eigenen Umgebung, der eigenen Umstände, der eigenen Innenwelt. Sie wird zeitweise und bei Gelegenheit blendend sichtbar, wenn man die Flucht als sinnlos, unbrauchbar, ja als unmöglich erkannt hat, wenn man den Mut aufbringen kann, im Offenen zu leben; entblößt, exponiert, zum Empfangen, Verarbeiten, Wachsen bereit, die einzige wirkliche befriedigende menschliche Aktivität‘ (S. 19).

Weit von einem weltfremden oder passiven Annehmen dessen entfernt, was das Schicksal uns auferlegt, bedeutet das einen aktiven Umgang mit dem, was sich aufdrängt, und darin Weisheit, Wahrheit und Transformation wahrzunehmen und verwirklichen zu können.

Der Libris-Literaturpreis

Die eigene alltägliche Wirklichkeit als Ausgangspunkt, auch wo es um die intellektuelle Arbeit geht. Woolf und Haasse machen jeweils auf ihre Weise deutlich, dass das konkrete, leibliche Dasein auch für Wissenschaftlerinnen oder Autorinnen Zugang zu dem eröffnet, was Haasse ‚vollständig Menschsein‘ nennt. Dieser Ausdruck wurde auch in den Anfangsjahren der feministischen Theologie häufig verwendet, um ein Ideal zu benennen. Catharina Halkes, Rosemary Radford Ruether, Riet Bons-Storm, für sie alle war das ‚vollständig Mensch werden‘ von Frauen (und Männern) das wichtigste Ziel der Transforma-

tion von Gesellschaft und Kirche, von Theologie und Spiritualität. Sowohl Frauen wie Männer müssen mehr ‚ganz' werden,
und ein Anfang dafür liegt in der Veränderung der Stellung von
Frauen. In stärker heutigen Begriffen drückt man dieses Ideal
der Ganzheit wohl mit *human flourishing*, menschlichem Blühen, aus. Dazu sei angemerkt, dass mit dieser Ganzheit nicht
eine rein persönliche, individuelle Entfaltung gemeint ist, sondern dass es immer auch um eine ethisch-moralische Dimension geht. Ganzheit, Gerechtigkeit, Gleichheit und Solidarität
gehören in dieser Vision untrennbar zusammen.

Dem Ideal des Ganzseins liegt die Überzeugung zugrunde,
dass eine tiefgehende kulturkritische Aufwertung des weiblichen ‚Alltäglichen' durch Wissenschaftler*innen und Künst-
ler*innen unumgänglich ist, wenn wir die Linie von Woolf,
Haasse, Halkes und Walker weiterführen. Das scheint einfacher
zu sein, als es auf den ersten Blick den Anschein hat. Einer der
großen niederländischen Literaturpreise, der Libris-Literatur-
preis, stellte 2012 eine Shortlist von sechs von Männern verfass-
ten Romanen auf. Das ist bemerkenswert, weil normalerweise
mindestens ein Roman einer Autorin nominiert wird. Die Jury
bestand wie in den meisten Jahren aus vier Männern und einer
Frau. In den achtzehn Jahren, seit es den Preis gibt, gab es dreimal eine Shortlist ohne Frauen, einmal eine Jury ohne Frauen,
und es wurde zweimal der Roman einer Frau ausgezeichnet,
1994 und 1998. In beiden Fällen ging es um Autorinnen, die
nicht zum Kanon der niederländischen Schriftstellerinnen ge-
zählt werden, nämlich Frida Vogels und D. Hooijer. 2011 waren
ausreichend Romane von bekannten Autorinnen erschienen,
also konnte ihr Fehlen nicht daran liegen. Bezeichnend war
eine Bemerkung aus dem Kommentar der Jury bei der Vorstellung der Shortlist: ‚Wir nehmen eine große Zahl von Romanen
wahr, in denen in literarischer Hinsicht nichts auf dem Spiel
steht. Der Roman ist dann eher eine Durchreiche von höchstpersönlichen Erfahrungen, ohne dass deutlich wird, warum

nun gerade der Roman gewählt wurde, um die Geschichte zu erzählen.'

Hier liegt die Crux: Um welche höchstpersönlichen Erfahrungen muss es gehen, damit eine Jury sie für wert hält, weitergegeben zu werden? Und ist das Geschlecht des Autors dafür möglicherweise auch noch von Bedeutung? Woolf sprach von der Zählebigkeit von Vorurteilen über Literatur von Frauen, Haasse verwies auf den hartnäckigen Unterschied zwischen der alltäglichen Wirklichkeit und der Wirklichkeit, die offensichtlich etwas hinzufügt. Es ist kein Zufall, meint auch Leonie Breebaart (*Trouw*, 5. Mai 2012), dass die von der Jury nominierte Wirklichkeit auf die von ‚zynischen Eigenbrödlern, Vaterschaft, Trinkgelagen‘ verweist. Alles keine Themen in der Literatur von Frauen: ‚Grob gesagt: Fußball und Sport sind „wichtig"; verrückt sein auf Mode, auf Kaufen von Kleidern, ist trivial.‘

Schnäppchenglück

Und so geht es schon sehr lange zu. Die mexikanische Sor Juana aus dem 16. Jahrhundert meinte, dass Aristoteles mehr geschrieben hätte, wenn er mehr gekocht hätte. Und die gegenwärtige flämische Philosophin Ann Meskens fragt sich in ihren *Filosofische stadswandelingen*, ob Immanuel Kant und Jean Baudrillard selber irgendwann Besorgungen machten oder eine Straße mit Geschäften besuchten, um eine Winterjacke zu kaufen. ‚Wir Philosophen, Intellektuelle, Kulturkritiker müssen uns am Anfang vielleicht auch im Schreiben über Schnäppchenglück einüben‘ (S. 113). Diese Sichtweise hat ihr eine missbilligende Bemerkung des Kritikers Paul Depondt eingetragen: nicht mehr als eine ‚hingehustete „kleine Philosophie"‘ (*De Volkskrant*, 29. Dezember 2007). Das echte Flanieren hat ja nichts mit dem Einkaufen oder mit der Shopping Mall zu tun, es entsteht ‚von selbst‘, durch zielloses Herumgehen. Dann nennt er in seinem Artikel nur die Werke und Namen von berühmten männlichen

Flaneuren: einsame Wanderer durch die Stadt, die sich keinen Stress machen (müssen) wegen Kinderschuhen, dem Abendessen oder, in der Tat, wegen Schnäppchen.

Vielleicht ist es auch kein Zufall, dass es, wenn ein ‚höchstpersönlicher' Roman über Elternschaft ausgezeichnet wird, wie im Fall von *Tonio* von A. F. Th. Van der Heijden um einen Vaterschafts- und nicht um einen Mutterschaftsroman geht. Damit soll auf keinen Fall gesagt sein, dass der Roman Van der Heijdens nicht eindrucksvoll wäre, ganz im Gegenteil. Aber wie ‚sorgende Väter' Verständnis und Bewunderung ernten, wenn sie sich wegen eines kranken Kindes von einer Besprechung abmelden, und sorgende Mütter nicht, so führen anscheinend die buchstäblich persönlichen Erfahrungen von Vätern und Männern, ihre Trauer, zu mehr literarischer Wertschätzung als die von Müttern und Frauen. Man denke in diesem Zusammenhang auch an die ziemlich kühle Reaktion auf die ‚Witwenromane' von Connie Palmen und Kristien Hemmerechts. Offensichtlich war es bei diesen Frauen weniger evident oder literarisch weniger einsichtig, warum diese ‚höchstpersönlichen Erfahrungen' in Literatur umgesetzt werden mussten.

In offener Verbindung

Trotz aller faktischen Hinweise auf das Gegenteil scheint das Studierzimmer ein Raum mit noch immer überwiegend männlichen Konnotationen zu sein, mit der ‚echten', mehr abstrakten und intellektuellen Welt verbunden. Nicht nur in der Literatur, sondern auch in der Wissenschaft lässt sich diese genderspezifische bildliche Vorstellung des Raums nur schwer transformieren. Wissenschaftlerinnen werden noch immer nicht selbstverständlich als die Wissenschaftlerinnen angesehen, die sie sind. Inzwischen haben viele Frauen ein Studierzimmer. Es scheint weniger Abstand zu haben, weniger exklusiv ‚männlich' abstrakt und weniger von der leiblichen Wirklichkeit abgesondert zu sein, als es das traditionelle Bild nahelegt. Mit unserer leiblichen Zueignung des Studierzimmers verändert sich seine Ortsbestimmung tiefgreifend. Das Verhältnis des Studierzimmers zum Rest des Hauses und zur Welt verändert sich, und es werden außerdem auch andere Dinge hineingebracht.

Aristoteles, Kant und Walter Benjamin, der berühmte flanierende Philosoph, hatten vielleicht keine Kinderstimmen, Listen von Besorgungen oder andere tägliche Sorgen in ihrem Studierzimmer, bei den meisten Frauen verhält es sich anders. Mit dem Frauenkörper im Studierzimmer, mit denkenden und schreibenden Frauen kommt auch alles und alle, die mit diesem Körper verbunden sind, mit in dieses Zimmer. Das war, so zeigt sich aus feministischen Forschungen, in früheren Zeiten so und gilt heutzutage noch immer. Die sogenannte ,weibliche' Perspektive - sie ist meiner Auffassung nach nicht notwendigerweise an den weiblichen Körper gebunden, weshalb der Begriff unglücklich gewählt ist und der Verwirrung Tür und Tor öffnet - ist ja nicht ohne Geschichte, auch wenn sie vielleicht nicht so sehr im Studierzimmer, als vielmehr in der Küche zum Ausdruck kam, im Garten, am Webstuhl und an Orten am Rand des ,öffentlichen Raums'. Nicht zuletzt durch das Wissen darum erhält mein Studierzimmer eine offene Verbindung zum Rest des Hauses und zum Rest der Welt.

Studierzimmerwissen ist verortet und verkörpert, denn auch das Denken ist an den Ort der denkenden und schreibenden Person gebunden. Wieder anders formuliert: ,Denken hat eine Temperatur, eine Textur und eine Erotik.' Mit diesen Worten charakterisierte Wayne Koestenbaum das Buch *Touching Feeling* von Eve Kosovsky Sedgwick, der 2009 verstorbenen amerikanischen Literatur- und Kulturwissenschaftlerin, die eine Pionierin der *queer theory* war. Sedgwicks Buch, so Koestenbaum, ist ein Geschenk, weil sie die intellektuelle Gemeinschaft an die leiblichen Dimensionen des Denkens erinnert. Es ist kein Zufall, dass die Kulturkritik an der abstrakten Einseitigkeit dessen, was als ‚echtes‘ Denken und ‚echte‘ Erkenntnis gilt, eines der wichtigsten und eindringlichsten Themen ist, die feministische Wissenschaftlerinnen auf die Tagesordnung gebracht haben. Wir brauchen breiter aufgestellte Theorien, um über unser Leben nachzudenken, sagt auch Ann Meskens: ‚Fröhlichere Theorien vielleicht, und gelegentlich auch weiblichere Theorien, denke ich. Letzteres bedeutet: unter Einbeziehung des Gebärens von Kindern, der täglichen Besorgungen und des halbjährlichen Verlangens nach Schnäppchen‘ (S. 113).

Auch dieses Buch lebt vom Plädoyer für einen anderen, ganzheitlichen Blick auf die Wirklichkeit, auch ich möchte über den Unterschied zwischen ‚alltäglicher‘ und ‚echter‘ Wirklichkeit hinauskommen. Mir geht es um eine Wirklichkeit, in der das Studierzimmer nicht nur faktisch, sondern auch theoretisch und in der Fantasie einen untrennbaren Teil meines ganzen Hauses, meines ganzen Lebens ausmacht. Der Aufruf von Virginia Woolf aus dem Jahr 1938 in *Geachte Heer (Drie Guineas)* gilt noch immer: ‚Denken müssen wir. Lasst uns in Büros denken, in Bussen, während wir auf der Straße in der Menge stehen … Was sind das für Zeremonien und warum müssen wir daran teilnehmen? Was sind das für Berufe und warum müssen wir damit Geld verdienen?‘ (S. 98) Die Zeiten haben sich geändert, aber bestimmte Mechanismen des Ein- und Ausschlusses sind noch immer am Werk und müssen verschwinden, um des ‚vollen Menschseins‘ all derer willen, denen das Recht und die Möglichkeiten dazu vorenthalten werden. Anders zu denken ist nicht die einzige Strategie zu diesem Zweck, aber eine wichtige. Ein Studierzimmer ist ein guter Ort dafür.

Schlafzimmer

10. Dem Tod näher: *Terugblik*

Das Schlafzimmer oder noch besser das Bett ist vielleicht der Ort im Haus, der am eindringlichsten Zeuge der tiefsten existenziellen und intimen Momente eines Menschenlebens ist. Wir werden, zumindest im Regelfall, im Bett gezeugt und geboren, wir lieben dort, sind krank und sterben dort. Wir lachen, weinen, lesen und spielen im Bett. Als Kinder, als Erwachsene, allein oder mit anderen. Wir suchen das Schlafzimmer und das Bett jede Nacht wieder auf, wir finden dort die Ruhe und Entspannung im Schlaf oder liegen dort endlos, vielleicht auch grübelnd wach. Wir sitzen am Bett unserer Kranken und Sterbenden und versuchen ihnen nahe zu sein. Die Geheimnisse von Leben und Tod, unsere Verwunderung, Rührung und die Verwirrung darüber: im Bett und an ihm können wir ihnen am wenigsten entgehen.

Für viele Menschen hat Religion zutiefst mit einer Antwort oder mindestens einer Perspektive auf diese Geheimnisse zu tun: vor allem auf das Geheimnis des Todes, das man als besonders beunruhigend und angsteinflößend ansieht. Manche Religionswissenschaftler*innen glauben, dass die populäre religiöse Antwort auf den Tod, also die Leugnung der Endlichkeit in Gestalt einer Perspektive auf Ewigkeit, Unsterblichkeit oder ein Leben nach dem Tod, das hervorstechendste Kennzeichen von Religion ist. Gleich ob man sich dabei einen Himmel, die Hölle, das Nirwana, die Reinkarnation, ewige Jagdgründe oder ein Paradies vorstellt.

Auch in der christlichen Tradition spielt die Überzeugung, dass das Leben nicht mit dem Tod endet, eine große Rolle. Mehr noch, das Leben nach dem Tod ist das wahre Leben, so habe ich es als Kind gelernt. Dort, im Jenseits, im ewigen Sein bei Gott liegt die endgültige Bestimmung des Menschen. Leider hat der Mensch durch die Erbsünde dieses ewige Leben verspielt. Nur dank des erlösenden Kreuzestodes Jesu ist es für Christ*innen möglich geworden, diese verheißungsvolle endgültige Bestimmung doch noch zu erreichen. Für mich waren diese hier stark vereinfachten Glaubensvorstellungen immer eines der am schwierigsten zu begreifenden Elemente der christlichen Tradition. Nicht nur wegen des Triumphalismus, der dabei mitspielt. Für meinen Kinderglauben war es nicht möglich, dass der liebevolle und allmächtige Gott Ausnahmen machen könnte. Wie soll es angehen, dass alle diejenigen, die zufällig in einem christlichen Haus geboren waren, in den Himmel kommen sollten, alle anderen Menschen aber nicht? Die christliche Dogmatik im Zusammenhang mit Tod, Leben und ewigem Leben blieb mir fremd, vor allem die Vorstellung, der Tod sei eine Strafe und das wahre Leben liege nach dem Tod. Gleichzeitig nahm ich wahr, dass der Gedanke eines ‚Jenseits‘ für viele Menschen wichtig war. Um all das auf die Reihe zu bekommen und herauszufinden, ob Gott und der Tod einander wirklich ausschließen, wie die Tradition annahm, verfasste ich damals eine Dissertation darüber: *Dem Tod näher.*

Streben nach Unendlichkeit

Meine wichtigste Frage lag aber auf einem noch tieferen und allgemein menschlichen Niveau: Warum waren Endlichkeit, Tod und Sterblichkeit ein so großes und grundlegendes Problem, dass sich unzählige - und, das muss gesagt werden, überwiegend männliche - Philosophen, Theologen, Psychologen und Anthropologen so intensiv damit befassten? Warum ist das Leugnen von Endlichkeit und das Streben nach Unendlichkeit einigen zufolge ‚eine Lebensleidenschaft‘ (Ernest Becker), eine Form von ‚Religiosität‘ (Meerten ter Borg) oder ‚der Motor für alle Kreativität' (George Steiner)? In allen Fällen betrachtet man das Leugnen von Endlichkeit und Tod als wichtige, ja sogar notwendige und kulturstiftende Eigenschaft des Menschen, auch wenn der Nachdruck auf die existenzielle Angst gelegt wird, die das Wissen um den Tod hervorruft (Martin Heidegger).

Gerade dieser Nachdruck auf die Angst führte mich zu der Frage, warum man etwas leugnen musste, was so menschlich und unvermeidlich ist. Gerät man damit nicht in Gefahr, gerade Kummer, Schmerz, Wut und Ohnmacht des Sterbens außen vor zu lassen? Denn dem Tod entgegengehen und sterben sind nicht einfach, das hatte ich in meiner Familie genug gesehen und miterlebt. Der tiefste Grund für meine Dissertation lag in der Frage: Wie ist aus einer religiösen, christlichen Perspektive mit Sterben und Tod umzugehen?

In dem schwierigen Nachdenken im Westen über Endlichkeit und Tod, in den krampfhaften Versuchen von Wissenschaftler*innen, nicht nur von Theolog*innen, des Umgangs durch das Postulieren aller möglichen Formen von Unendlichkeit, wird für mich einer der am wenigsten expliziten, aber dennoch stärksten Dualismen in unserem Blick auf Leben und Welt, Endlichkeit gegen Unendlichkeit deutlich. Unendlichkeit ist, das versteht sich von selbst, der positive, begehrenswerte, normative Pol des Gegensatzpaares. Und oft werden diese Pole mit Gender verbunden: Tod und Endlichkeit werden in Kunst, Philosophie und Theologie oft als Frau symbolisiert und damit werden Unsterblichkeit und Unendlichkeit implizit männlich. So wie ‚echte' Kreativität auch männlich ist und Leiblichkeit und Sterblichkeit weiblich sind. Weibliche Kreativität liegt anderswo, in der Fortpflanzung.

Kraft und Normativität von Unendlichkeit verbergen sich in ihrem ‚göttlichen' Charakter, ob sich jemand als gottgläubig bezeichnet oder nicht. Unendlichkeit wird traditionell Gott zugeschrieben, so wie Gott auch leidenslos und allmächtig ist. Menschen spiegeln sich in diesen Eigenschaften und eignen sie sich als Ideal an. ,Der Verlust Gottes', dass der Glaube kulturell in den Hintergrund getreten ist, hat nicht dazu geführt, dass diese Kennzeichen der Unendlichkeit, Unzerstörbarkeit und Allmacht ihren normativen Einfluss eingebüßt hätten. Dafür sind sie in den religiösen und philosophischen Traditionen des Westens zu tief verankert.

Gibt es eine andere Art, mit der Unvermeidlichkeit von Tod und Sterben umzugehen, als die Fixierung auf Unendlichkeit und Unzerstörbarkeit? Und wo können wir uns darüber kundig machen? Wie schon früher in diesem Buch ist moderne Literatur auch hier für mich eine inspirierende Quelle für eine neue spirituelle und theologische Vorstellung, die alte, eingerostete Vorstellungen über Endlichkeit und Tod, Körper und Geist und die Beziehung von Gott und Mensch aufbricht. In der bildhaften und sinnbildlichen Sprache von Geschichten, Poesie und Liedern wird die Wirklichkeit umgeformt und stoßen wir manchmal auf einen Funken von Transzendenz, von göttlicher Anwesenheit. Der Roman *A Reckoning* von Mary Sarton aus dem Jahr 1978 war für mich immer ein solcher Fundort, besonders für eine transformierende - und noch immer relevante - Sicht auf Tod und Endlichkeit. Mary Sarton wurde 1912 in Wondelgem bei Gent geboren, aber ihre Familie zog drei Jahre später in die Vereinigten Staaten. Sie starb 1995 an Brustkrebs. In *A Reckoning*, in niederländischer Übersetzung *Terugblik*, erzählt Sarton die Geschichte von Laura Spelman, von dem Zeitpunkt an, als sie erfährt, dass sie Lungenkrebs im Endstadium hat, bis zum Augenblick ihres Todes. Nach und nach entsteht eine Geschichte, in der Endlichkeit und Tod weder geleugnet noch verherrlicht werden, in der aber Laura lernt, mit ihrem kranken und sterblichen Körper zu leben.

Zwischen Winter und Frühjahr

Laura will auf ihre eigene Weise sterben, mit so wenig medizinischen Interventionen wie möglich. In den wenigen Wochen zwischen dem letzten Winterschnee und den ersten Zeichen des Frühlings unternimmt sie eine Bilanz ihres Lebens. Während des Sterbeprozesses, einem Weg, der schwerer ist, als sie ursprünglich dachte, versucht sie, die nicht wesentlichen Dinge im Leben aufzugeben und sich auf das zu konzentrieren, was sie die ,echten Bindungen' nennt. Sie beurteilt ihr Leben und ihre Beziehungen und entdeckt nach und nach, dass die Bindungen an Frauen das Wichtigste gewesen sind. Das gilt für die Bindung an ihre brillante, dominante, jetzt aber zunehmend demente Mutter, an ihre schwierige Tochter und vor allem an eine Freundin aus ihrer Jugend.

Der Roman beschreibt den schmerzhaften Prozess der Konfrontation mit sich selbst, mit ihrer Krankheit und dem nahenden Tod, ihrem Frausein, ihren Bemühungen, mit der Komplexität der Beziehungen zu ihrer Mutter, ihrer Tochter und ihrer alten Freundin fertig zu werden. Ihre Erinnerungen an die Ehe mit Charles, der vor drei Jahren gestorben ist, sind ein Trost für Laura, weil sie für eine harmonische Periode in ihrem Leben stehen. Durch ihre Ehe entkam sie den enormen Erwartungen, die ihre Mutter an sie hatte. Mit Charles führte sie ein ,normales Leben' und war glücklich. Als sie jetzt stirbt, zeigen sich alle ungelösten Fragen in Bezug auf ihr Leben und ihre Beziehungen in einem neuen Licht und erweisen sich als mit ihrem Kampf mit der Krankheit und dem näherkommenden Tod verbunden. Nur indem sie beide Fragenkomplexe miteinander verbindet, kann sie wirklich das geschehen lassen, was sie wollte, als sie erfuhr, dass sie sterben würde: ihre Krankheit eine Reise zum Tod sein lassen.

Angekündigter Tod: Abenteuer, Reise, Ganzheit und Angst

Die Mitteilung, dass ihr Tod nahekommt, macht Laura auf die eine Weise ängstlich und gibt ihr auf die andere Weise das Gefühl, in einem ‚gesegneten Zustand‘ zu sein. Ihr fehlen Worte. Sie vergleicht den Tod mit ‚geboren werden, sich verlieben, das erste Kind bekommen ... immer ist dabei erst die Angst‘ (S. 8). ‚Der Tod ist ein genauso großes Abenteuer, der Weg dahin, genauso wie geboren werden. Ich fühlte mich fürchterlich aufgeregt. Das Problem liegt darin, dass ich keine Worte dafür finde‘ (S. 16). In dieser ersten Konfrontation mit dem Tod scheint ihr Körper keinerlei Rolle zu spielen. Sie hat keine Schmerzen, sie kann essen und ein Gläschen trinken. Allerdings hat sie Angst. Diese Angst hat unterschiedliche Formen und nimmt nur nach und nach ab. Die Angst richtet sich nie direkt auf den Tod selber. Am Anfang der Erzählung fürchtet sich Laura vor der Reaktion, mit der sie bei ihren Kindern, bei ihren Schwestern und allen anderen rechnet. Sie will nicht mit ihrer Angst vor ihrem Tod umgehen müssen und möchte ebenso wenig, dass sie sich mit ihrem Tod belasten. ‚Es ist mein Tod, Tante Minna, und es geschieht auf meine Weise, verdammt. Dann fügte sie hinzu: Gott sei gesegnet. Ich finde, Menschen müssten ihren eigenen Tod erleiden können‘ (S. 16). Deswegen möchte sie zunächst auch nicht, dass ihre Kinder erfahren, dass sie sterben wird. Danach hat sie Angst davor, ihre Autonomie aufzugeben, von einer Pflegerin abhängig zu werden. Auch ihr Rückblick auf die echten Bindungen an Menschen macht sie ängstlich, besonders auf die mit ihrer Mutter und ihrer Tochter. Sie fragt sich, ‚ob sie wirklich den Mut dazu hat‘.

Gleichzeitig wird sie von der Angst nicht davon abgehalten, über ihren Tod als eine übergroße Erfahrung nachzudenken, für die sie keine Worte findet. Sie möchte, dass es ein Abenteuer bleibt, das sie auf ihre eigene Weise erleben kann, zu Hause, allein und mit so wenigen medizinischen Eingriffen wie möglich, auch wenn ihre Tante Minna gegen letzteres protestiert. Laura gebe den Kampf zu früh auf, meint sie, mit einem Zitat von Dylan Thomas: ‚Do not go gentle into that good night.' Aber Laura weigert sich, dabei mitzugehen: Sterben ist zu groß für solches ‚romantisches Geschwätz' (S. 16).

Zu Anfang der Geschichte hat Laura eine prächtige Vorstellung über Sterben als Reise zur Ganzheit, der endgültigen Harmonie von Körper und Geist, wie man sie in einigen Augenblicken in der Arbeit oder in der Liebe erfahren kann. Aber sehr schnell erweist sich das als Illusion. Sie kann ihre Krankheit vor ihren Kindern und ihren Schwestern nicht verbergen und ihr Erschrecken nicht leugnen. Außerdem ist es ‚vermutlich schwer möglich, über Schönheit und Harmonie nachzudenken, wenn man dabei ist, sich zu übergeben'. Beim ersten Mal, als sie aufwacht und sich wirklich krank fühlt, kommt ihre Angst dann auch zurück, nicht so sehr vor dem Tod, als vor dem Schmerz und davor, ernsthafter krank zu werden. ‚Angst, nahm sie an, gehörte genauso dazu wie ein Hustenanfall. Es geht ja vorbei, stellte sie sich vor, schau nur auf das Licht, das prächtige Licht und auf die liebe Grindle, die auf der Decke neben dem Bett liegt und das Eis von ihren Pfoten leckt' (S. 83). Das Abenteuer und die Reise zum Tod verlieren in einem solchen Augenblick jegliche Anziehungskraft; Sterben ist ein Stück schwerer, als sie angenommen hatte.

> ‚Nicht der Tod, vielmehr das Sterben sorgte für die Panik, nachdem der unerbittliche Prozess in ihren Lungen angefangen hatte. Wie musste sie damit umgehen? Starb ihr ganzes Wesen oder nur ein Teil davon? Und würde sie in der Lage sein, diesen Teil vom Rest abzuspalten? Geist, Herz, oder was eigentlich sie als Person ausmachte?' (S. 22)

Sterben vollzieht sich Schritt für Schritt: Desintegration und Verwirrung

In diesem ganzen Prozess ist es Lauras Körper, der ihre Vorstellungen über den Tod als Abenteuer und als Harmonie und Einheit durcheinanderbringt. Ihr Körper ist manchmal gleichzeitig der am meisten ängstigende und nicht zu leugnende *andere* und das am meisten ängstigende und unverkennbare *Selbst*. Ihr körperlicher Zustand sorgt für große Verwirrung in Bezug auf ihr Selbstgefühl. Wenn Laura zu beschreiben versucht, was Sterben ist, sagt sie: ‚Ich glaube, dass wir unseren Körper nicht verlassen wollen, vielleicht ist es das. Ich habe kaum noch etwas an meinem Körper, aber doch ...' (S. 212) Wieder versagt die Sprache.

In einem anderen Moment, als ihre Lungen abgesaugt werden und sie nicht nur mit dem Schwächerwerden ihres Körpers, sondern auch mit dem Unappetitlichen an dem ganzen Prozess konfrontiert wird, denkt sie: ‚Es würde ein schöner Schock für ihren Sohn sein, diese Flaschen zu sehen, gefüllt mit der dunkel-rötlichen Flüssigkeit. Sie hatte selber Angst vor diesen Zeichen des Verfalls' (S. 215). Sarton beschreibt diese Szenen der physischen ‚Entzierung' ziemlich nüchtern, beinahe klinisch. Diese sichtbaren Zeichen der Vergänglichkeit werfen ein Licht auf die Komplexität und Ambiguität von Lauras Erfahrungen mit ihrem Körper. Gemeint ist damit nicht nur das Gefühl, dass ihr Körper grässlich zugerichtet ist, sondern auch das öffentliche Vorzeigen dieses Scheiterns, das die Ursache für die ambivalenten Gefühle in der Beziehung zwischen dem ‚Ich' und dem Körper darstellt.

Noch ein weiteres Beispiel für die Verwirrung zwischen Selbst und Körper hängt mit der medizinischen Behandlung in dem Krankenhaus zusammen, wo sie sich in einem bestimmten Augenblick kurz aufhält. Die unpersönliche, rein technische auf den Körper ausgerichtete Behandlung führt dazu, dass sie sich selber für ein ‚kleines Bündel Nichts' hält, ‚das nirgends hingebracht wird ... Ihre Identität war auf dem Nullpunkt. Noch eine kleine Weile, und ich habe meinen Namen vergessen' (S. 206). Hier hat der Identitätsverlust ausschließlich damit zu tun, wie sich andere Menschen zu ihr als Laura verhalten, oder eigentlich nicht verhalten. Sie verhalten sich zu ihrem Körper und nicht zu ihr, oder anders ausgedrückt, sie verhalten sich zu ihr wie zu einem Körper.

Körpermetaphern: Bruder Esel und Maschine

Am stärksten desorientierend sind die Momente, in denen Laura sich selbst als an zwei Orten erfährt, in ihrem Körper und in ihrem Nicht-Körper, den sie ihr Selbst nennt. Es ist wichtig, darauf hinzuweisen, dass die stärkste, am meisten explizite und verstörende Trennung zwischen ihrem Selbst und ihrem Körper, der größte Angriff auf ihre Identität, nicht von anderen verursacht wird, sondern von Laura selber. Im Lauf der Erzählung verändert sich immer wieder die Art, wie sie diese Trennung benennt. Wir stoßen im Roman auf zwei verschiedene Bilder, mit denen Laura diese ambivalente und manchmal angsteinflößende Beziehung zu ihrem Körper zum Ausdruck bringt. Sie sind ein Indikator für die Intensität der Entfremdung zwischen ihrem Selbst und ihrem Körper.

Das erste Bild deutet eine Unterscheidung von Selbst und Körper an, aber ohne dass von einer vollständigen Trennung die Rede sein könnte. Hier gebraucht Laura die Metapher vom Körper als ‚Bruder Esel'. Das ist eine freundliche, vermutlich vom Heiligen Franziskus übernommene Bildsprache, in der Körper und Selbst unterschieden werden, ohne dass ihre Beziehung zueinander geleugnet würde. Als Bruder Esel bleibt der Körper sozusagen in der Familie, auch wenn er nichts Menschliches an sich hat. ‚Würde Bruder Esel von jetzt ab jedes Vergnügen unterbrechen?', fragte sie sich bei einem der ersten Anfälle von Übelkeit' (S. 112). In einem anderen Moment wird ihr bewusst, dass sie einfach normal ‚weitertraben' muss, mit Bruder Esel und mit Mary O'Brien, der Pflegerin, die sie versorgt. Selbst am Ende ihres Lebens macht sie diesen anscheinend vertrauenerweckenden Unterschied zwischen ihrem Selbst und ihrem Körper:

‚Sie schwebte mit Bruder Esel zusammen weg und denkt, dass sie schnell voneinander getrennt werden, und sie lächelte über diese unmögliche Vorstellung, denn wie konnte jemand von sich selber getrennt werden? Wo würde Laura sein, wenn sie nicht mehr atmete? ... Welcher Faden hielt sie fern von dem, was sie sich als Abenteuer vorgestellt hatte, als sie sich noch gut fühlte, das aber nur Wegsiechen war, Aufgehen im Nichts. Alles Fleisch ist wie Gras, Bruder Esel' (S. 232-233).

Viel bedrängender für ihre Identität ist das Bild vom Körper als Maschine, das Laura verwendet, als es ihr Körper ihr extrem schwermacht.

‚Laura fühlte sich total getrennt von ihrem Körper. Sie dachte, es sei nur ein Stückchen Maschinerie, das kaputt ging. Aber konnte sich die Trennung vollziehen? Wie konnte sie sich selbst finden ohne die Maschine, die keuchend Atem holte, Nahrungsaufnahme verweigerte und sie mit Hustenanfällen quälte? Die konnte sie nicht abstellen oder durch gutes Zureden stoppen. Sie beschloss, dass sie ihr normales Leben als unwichtig zur Seite legen musste' (S. 207).

Ihre Angst bedroht nicht nur ihre Identität. Sie fühlt sich nicht nur von ihrem Körper dissoziiert, sondern sie will auch von diesem grässlichen Körper loskommen. Aber das ist unmöglich, es geht nicht ohne diese Maschine. Der Körper, gleich in welcher Verfassung, ist eine Bedingung für ihr Selbst, dafür, wer sie ist. Und dann beschließt Laura, dass sie ihren Körper einfach als unwichtig zur Seite schieben muss. Als sie sich dann nicht von ihrem Körper losmachen kann, ist das einzige, was übrig bleibt, ihrem Körper so wenig Macht wie möglich zu geben, ihre Identität zu untergraben. Dank des Bildes von der Maschine kann sie sich der unbeherrschbaren Reise des Körpers überlassen, womit sie gleichzeitig wieder etwas von ihrem Selbst zurückgewinnt.

Wenn sie andere festhalten

Die Momente, in denen Laura ihre Körpermetaphern, die von Bruder Esel und die von der Maschine, einsetzt, um ihre Identität, ihren *sense of self* zu verstärken, sind eng mit Momenten verbunden, in denen andere Menschen diese Erfahrungen bestärken. Als Laura beschließt, dass ihr Körper unwichtig ist – ‚mein Körper hat beinahe abgewirtschaftet‘ –, kann sie akzeptieren, dass sie Hilfe benötigt: ‚Ich realisiere, dass ich einen Teil der Reise doch nicht allein unternehmen kann‘ (S. 208). Erst dann ist sie imstande, die liebevollen Reaktionen derjenigen, die ihr nahestehen, auch wirklich entgegenzunehmen. Diese Reaktionen vermitteln ihr ein ‚Gefühl für Anwesenheit‘, das sogar ihrem ausgelaugten Körper wieder Kraft gibt. Es geht dabei nicht um intellektuelle oder verbale Unterstützung, sondern um körperliche Erfahrungen: wenn Menschen ihre Hand halten, ihr die Haare kämmen, wenn eine Pflegerin aus eigenem Antrieb ein wenig Lavendel hinter ihre Ohren träufelt. Es sind diese sinnenhaften Empfindungen, die bei Laura eine Veränderung bewirken. Nicht was sie sagen, sondern die Stimmen als solche, sanft und angenehm; nicht die medizinischen Verrichtungen, sondern die Berührung und die Sorgfalt. Der physische Kontakt ist so stark, dass sogar der ausgelaugte Körper ihrer Kraft nicht widerstehen kann. ‚Es war ein Vorbote von etwas

Größerem, von etwas, über das sie jetzt noch nicht nachdenken konnte' (S. 208).

Diese Erfahrungen ändern nichts am elenden Zustand ihres Körpers, bedeuten aber dennoch eine Umkehr. Als sie ihr Arzt fragt, ob sie ihren Sohn Ben sehen möchte, sagt sie: ‚Ich weiß nicht … Er wird von den ganzen Flaschen einen Schreck bekommen.' Sie fühlt sich noch immer sehr unsicher aufgrund ihrer sichtbaren Auflösungserscheinungen. Ihr Arzt sagt dann: „„Sie sehen prächtig aus … Sie sind verändert." „O, ja?" „In den letzten paar Minuten." Er wusste nicht, was geschehen war, aber Laura schon' (S. 209). Ihr früherer Wunsch, vom eigenen Körper wie von anderen Menschen loszukommen, ist verschwunden. Ihr wird nicht nur bewusst, dass sie es nicht allein schafft, sondern sie fühlt auch zum ersten Mal eine grundlegende Verbundenheit. ‚Ich habe früher nie gewusst, was es bedeutet, dass wir alle „Glieder von einander" sind' (S. 209; im englischen Original heißt es: *members of each other*).

Auch diese Erfahrung hält nicht ewig an und kann nicht verhindern, dass Laura sich von neuem ganz und gar verloren und entfremdet von sich selbst vorkommt.

‚Aber wenn sie hier (in ihrem eigenen Garten) fremd war, wo war sie dann zu Hause? Und wer war sie eigentlich selbst? Die echte Panik war die vor dem Verlust ihrer Identität, denn die schien untrennbar verbunden mit ihrem Körper, mit seinen kranken, kämpfenden Lungenflügeln. Was war das tiefste Wesen, das sich von ihrer Hand, ihrem Fleisch, ihren Knochen losmachen musste? Laura hob ihre Hand. Sie war so mager, dass sie beinahe durchscheinend war. Bin das ich? Das Ding, das auf dem Blatt eines Baums liegt, das fällt und fällt, dieses Universum von Molekülen, das auseinanderfällt, dieses Wunder, das dabei ist, in Nichts zu zerfallen' (S. 227-228).

In diesem Moment gibt es keine Antwort, und nur die tägliche Routine von Tee und von Besuchen scheint sie zur Ruhe zu bringen und die Intensität ihrer Gefühle zu durchbrechen. Auf die gleiche Weise wechseln ihre Gefühle im Blick auf den Tod, ihre Angst vor dem Tod. Als das Atmen immer schwieriger wird und sie kaum mehr selbstständig gehen kann, denkt sie:

,Wäre der Körper nicht genauso einfach wie eine Blume, die innerhalb einer Stunde blühen und verwelken konnte! Denn verglichen damit schien der Körper einen langen und komplizierten Prozess durchzumachen, ganze Milchstraßen von Molekülen, die sich langsam verwandelten, in was? Wohin gingen sie?' (S. 218)

Und dann schlägt die Angst zu. Als Mary, ihre Pflegerin, hereinkommt, spricht Laura ihre Todesangst aus.

,Ich weiß nicht, wie ich loslassen muss. Ich weiß nicht, was dabei mit mir geschieht. Ich habe Angst, Angst vor dem Dunkel. Es ist ja gut, gibt Mary zur Antwort, die Sonne geht auf. Das war keine Antwort, aber eigentlich doch. In diesem Augenblick enthielten die Worte ein Versprechen: Was auch geschehen würde, die Sonne würde aufgehen' (S. 219).

Lauras Panik verschwindet, um später am Tag, als sie auf ist, ein Tässchen Tee trinkt und sich dadurch heftig übergeben muss, wieder zurückzukommen.

,Tränen liefen über ihre Wangen. Sie kam sich vor wie ein Baby, das sich nicht beherrschen kann. Sie war jetzt ausgeliefert an die Barmherzigkeit des Käfigs, den ihr Körper darstellte - wie lange noch? Der Kampf war so abscheulich, dass sie der Verzweiflung nahe war. Wie musste sie loslas-

124

sen? Wie hielt sie es in diesem unglückseligen Zustand aus?‘ (S. 220)

Später, als sie wieder sicher in ihrem Bett liegt, denkt sie: ‚Letztlich sollte es nicht schwer sein, alles loszulassen, auch das sanfte Geläut der Blätter in einer leichten Brise … alles‘ (S. 220).

Die letzten Tage

In ihren letzten Tagen wird sie hin und her geworfen zwischen Gefühlen von Angst, Fragmentierung, Identitätsverlust und Selbstbeherrschungswillen auf der einen Seite und Gefühlen von Harmonie, Vertrauen, Offenheit und Loslassen auf der anderen Seite. Sie wird sich dessen bewusst, dass die Lebenden den Sterbenden nur bis zu einem bestimmten Grad helfen können. Für sie kann ihre Anwesenheit tröstlich sein und das Loslassen leichter machen. In diesen letzten Tagen will sie, trotz ihrer früheren Vorstellungen, dann auch nicht mehr allein sein. Sie will jemanden in ihrer Nähe haben, in ihrem Zimmer oder in Hörweite: ein Bedürfnis, das sie nie für möglich gehalten hatte. ‚Eine stille, liebevolle Anwesenheit war alles, was sie brauchte‘ (*A quiet loving presence was all she needed* in *A Reckoning*, S. 214). Sogar die quälenden Emotionen in Bezug auf ihre Mutter, die nicht bewältigte Wut und die Konflikte, werden schließlich in alle ihre anderen Erinnerungen aufgenommen. Als dann kurz vor ihrem Tod ihre alte Freundin Ella aus England herübergekommen ist, weiß sie, dass sie auf diesen Augenblick gewartet hat und warum sie nicht loslassen konnte. Nur durch das Sprechen mit Ella, den gemeinsamen Rückblick auf ihre Beziehung, ‚die eine Freundschaft von mystischer Intensität war‘ (S. 246), kann sie ihre Obsession in Bezug auf ihre Mutter und alle Probleme mit ihrer Tochter hinter sich lassen.

‚Jetzt gab es nichts mehr, keinen dünnen Faden, der sie noch zurückhielt. Sie musste nur noch loslassen, sich sanft mitnehmen lassen mit der Strömung. Sie fühlte sich leicht, so leicht wie das Blatt eines Baums in einem starken Strom' (S. 247).

Ein Funken göttlicher Anwesenheit

Was mich an *Terugblik* gerührt hat, ist, dass Laura ihren Tod nicht als etwas Abscheuliches und Absurdes betrachtet. Die Tatsache, dass sie bald sterben wird, akzeptiert sie einfach, genau wie die Ahnung des Todes als solche. Es ist bemerkenswert, dass Laura eine christliche Erziehung genossen hat, aber traditionelle christliche Bilder im Zusammenhang mit Tod, Unsterblichkeit oder einem Jenseits im Buch fehlen. Die Lektüre des Romans macht deutlich, dass Endlichkeit und Tod keine abstrakten, eindeutigen Konzepte sind, die nur akzeptiert werden müssen, wie es auch bei Sterben und Tod nicht um große Abenteuer geht, um Reisen oder Momente des höchsten Wachstums. Es geht um Prozesse, die sich schrittweise und sehr mühsam im und am Körper vollziehen. Die Umformungen, die dabei stattfinden, haben eine Parallele in Lauras Beziehung zu anderen Menschen.

Der ganze Prozess von Schmerz, Desintegration, Loslassen steht in einem Kontext der Beziehungen. Erst als Laura mit ihrem kranken Körper umgehen kann, als ihr klar wird, dass ihr kranker, sterbender Körper ihre Identität nicht untergräbt, ist sie dazu imstande zu akzeptieren, dass sie ihr Leben nicht kontrollieren kann, sondern auf andere Menschen angewiesen ist. Verletzlich und empfänglich zu sein, braucht eine Sensibilität für Erfahrungen, in denen - nach meinem Verständnis - ‚ein Funken göttlicher Anwesenheit' erkennbar ist. In meinen Augen ist es kein Zufall, dass wir auf traditionelle religiöse Worte und Symbole stoßen, um diese Erfahrungen zu beschreiben, auch wenn von einem christlichen Kontext nicht mehr die Rede sein kann.

Über den Durchbruch der Einsicht, dass das Bewahren von Unabhängigkeit nicht länger der höchste Wert für sie ist, sagt Laura: ‚Es war eine Art *Offenbarung*. Als ich aufgab, es allein tun zu wollen, wurde enorm viel Licht sichtbar' (S. 214, meine Kursivsetzung). Das verhilft ihr auch zu der Einsicht in eine Art kosmischer Verbundenheit, die sie mit einer Körpermetapher von ebenfalls christlichen, paulinischen Konnotationen, ‚dass wir alle Glieder von einander sind' zum Ausdruck bringt. Sich zu anderen zu verhalten bedeutet nicht, seine Autonomie einzubüßen, sondern ein größeres Selbst zu finden, das mit dem Ganzen des Kosmos in Verbindung steht. Für Laura bedeutet diese verkörperte Erfahrung, dass sie einen Teil einer Wirklichkeit ausmacht, die unmittelbarer und zugleich ganzheitlicher und intimer ist, als sie es jemals erfahren hat. Gleichzeitig übersteigt sie diese Wirklichkeit: ‚Es war der Vorbote von etwas Größerem, etwas, über das sie jetzt noch nicht nachdenken konnte' (S. 214).

Diese Erfahrungen gleichen in hohem Maß den theologischen Beschreibungen eines ‚sense of presence', eines Gewahrwerdens (göttlicher) Anwesenheit. Anders als in traditioneller theologischer Bildsprache und Reflexion steht diese göttliche Anwesenheit, dieser Funke der nahen Transzendenz nicht gegen den endlichen Körper. Im Gegenteil, die Erfahrung von Anwesenheit bezieht den Körper ein. Oder noch genauer: göttliche Anwesenheit wird gerade in der Erfahrung sichtbar, dass der Körper ganz und gar dazugehört, in allen seinen schönen und grauenhaften Aspekten. Für Laura war der persönliche Gott ihrer Jugend immer mehr zum leeren Universum geworden. Sie hatte eine vage Vorstellung vom Kosmos als einer Art von rationalem Entwurf, in dem alles seinen spezifischen Platz hatte. Nach ihrer ‚Offenbarung' bekam dieser Kosmos eine neue Dimension, deren zentrale Kennzeichen Licht, Verbundenheit, Zärtlichkeit und eine liebevolle Anwesenheit sind. Aber es ist auch ein Universum, in dem sie noch immer Angst haben kann, sie sich schlecht fühlt und in dem sie sich übergeben muss und nicht imstande ist zu sprechen. Die Paradoxe des Körpers und die Geheimnisse des Todes brauchen hier keine Antwort: nur Aufmerksamkeit, Zärtlichkeit und Verwunderung, sowohl bei Laura wie bei ihren Lieben, die das Risiko der Offenheit und des Unbekannten eingehen. In der fremden Identität des Schlafzimmers, in der Verbundenheit mit den Menschen im übrigen Haus, trägt Laura ihren *sense of presence* bis in den Tod.

11. Der Trost der Schönheit

Sotto Voce

So viele Arten von Kummer,
ich nenne sie nicht.
Nur eine, das Auf-Abstand-Gehen und Scheiden.
Und nicht das Schneiden tut so weh,
sondern das Abgeschnittensein.

Noch ist es schön, das Gerippe eines Blatts,
Schmetterlingslicht, das auf der Erde ruht,
nur noch sein Wesen wert.
Aber zwischen den Adern des Leidens
nichts mehr, um mit dir fröhlich zu sein:
Maschen deiner Abwesenheit
Zusammengehalten von etwas Schmerz
Und größer werdend mit der Zeit.

Arm und beschämt, so arm zu sein.
M. Vasalis

Es war in der vorletzten Klasse der Mittelschule. Der Vater meiner besten Freundin verstarb. Es gab keine Worte. Aber das Violinkonzert von Max Bruch. Ich kann diese Musik noch immer nicht hören, ohne an den Sonntagmittag zu denken, als meine Freundin die Neuigkeit erzählte. Niedergeschlagene

Pubertierende mit einem großen Schmerz. Die Musik war das Einzige und das Gute. Ohne Worte verbunden, mit der Schönheit der Musik als Medium. Wurden wir durch die Musik erhoben? Zog sie uns mit in die Tiefe des Schmerzes, in die Tiefe der Trostlosigkeit? War es beides gleichzeitig? Tröstlich war es auf jeden Fall, auch wenn unser Schmerz verschieden geartet war und wir jeweils eine eigene Art von Trost brauchten.

So viele Arten von Kummer

Ja, Schönheit kann trösten. Aber was ist das eigentlich, getröstet zu werden? Warum brauchen wir Trost? Trost hat mit Kummer zu tun. ‚So viele Arten von Kummer‘, schreibt die Dichterin Vasalis, und sie fährt fort: ‚Ich nenne sie nicht.‘ Ihr Gedicht *Sotto Voce* handelt vom Schmerz des Abgeschnittenseins und ist eines ihrer bekanntesten Gedichte. Ein Text, der all jenen Trost spendet, die darin etwas von ihrem Schmerz, ihrem Leiden und ihrer Trauer über den Abschied von einem geliebten Menschen ins Wort gebracht finden. Denn das ist grundlegend für diese Form von Trost: das Leiden und der Schmerz kommen zur Sprache, sie können ausgesprochen werden, notfalls - oder vielleicht am liebsten - in geliehenen Worten. Leiden und Schmerz kommen ins Wort, werden zu Klang. Das, was eigentlich unsagbar ist, dringt in der Sprache der Dichter nach draußen. Das ist wichtig. Schmerz und Kummer sind, mehr als jede andere emotionale Regung, primär innerlich, leiblich, ins Fleisch eingeschrieben und deshalb sprachlos. Ob es sich dabei um physischen oder psychischen Schmerz handelt, er trifft in beiden Fällen das Innere. Das ist ein Teil des Kummers. ‚Seelenpein‘ finde ich in dieser Hinsicht ein schönes Wort, weil es sowohl das Leibliche ausdrückt als auch das, was ‚mehr‘ ist, die ‚andere‘ Dimension des Schmerzes. Auch Musik kann in dieser Hinsicht, allerdings ohne Worte, Schmerz und Kummer in Klang verwandeln.

‚So viele Arten von Kummer', beginnt Vasalis ihr Gedicht. Sie bleiben ungenannt, sind aber trotzdem da. Vielleicht ist das ein anderer Aspekt von Schmerz und Kummer: die Unsichtbarkeit und Unsagbarkeit. Liegt darin das Verlangen nach Trost: im Verlangen nach dem Erkennen, nach dem Benennen der vielen Arten von Kummer? Ist Trost das Erkennen und Benennen dessen, was normalerweise ungenannt bleibt? Damit hat es in jedem Fall auch etwas zu tun.

Ich meine nicht, dass Endlichkeit, Vergänglichkeit, die menschliche Sterblichkeit im Allgemeinen, das Schlimmste ist, was uns geschehen kann; das sollte inzwischen deutlich geworden sein. Viele Wissenschaftler*innen und Künstler*innen stimmen in dieser Hinsicht nicht mit mir überein. Kunst und Religion sind nach Meinung vieler eine Art und Weise des Umgangs mit Sterblichkeit, weil sie eine Aussicht auf Unsterblichkeit bieten. Darin finden viele Trost, auch wenn dieser Trost für manche gleichzeitig eine Illusion ist. Für mich ist der Gedanke, wir müssten eigentlich unsterblich sein, eine Form von Hochmut, die unserer Fähigkeit zum Staunen und unserer Offenheit für das Geheimnis wenig Raum lässt. Damit ist natürlich nicht gesagt, dass der Schmerz und der Kummer beim Tod eines geliebten Menschen nicht unerträglich sein können oder dass wir keinen Trost bräuchten. Im Gegenteil.

Trost hat mit Kummer und Schmerz zu tun. So viele Arten von Kummer, sagte Vasalis. Menschen ziehen sich im Lauf des Lebens verschiedenste große und kleine Verletzungen zu. Die sind im Leben selbst enthalten. Wir sind in Beziehungen lebende, leibliche Wesen, und darin liegt unsere Verwundbarkeit, wie die aller Lebewesen. Und obwohl manche Menschen sich noch so sehr darum bemühen, sich gegen die eigene Verwundbarkeit zu schützen, und so sehr sie dazu andere Menschen zum Objekt machen und ihnen aus dieser Haltung heraus tiefe Wunden zufügen: die Verwundbarkeit ist weder zu leugnen noch ist ihr zu entkommen. Wir können den Kummer nicht außen vor lassen. Wir werden verwundet und wir verwunden andere, entgegen allen unseren guten Absichten. Aber es verhält sich noch einfacher: unsere Haut ist zart und unser Körper ist allen möglichen Gefahren schutzlos ausgesetzt, ob sie von innen oder von außen stammen. Darin liegen die Wurzeln des Kummers in Bezug auf das, was uns selber und was anderen zustößt. Was wir anderen und damit uns selber antun. Manchmal unvermeidlich, manchmal absichtlich, manchmal als Auswirkung sozialer und wirtschaftlicher Umstände, für die sich kein eindeutiger ‚Urheber' ausmachen lässt, oft unbegreiflich. So viele Arten von Kummer.

Sechs Worte für Schönheit

Wodurch werden wir getröstet? Durch Schönheit, sagen wir. Das wissen wir, erfahren wir. Aber was meinen wir mit Schönheit, wenn wir sagen, sie habe die Kraft zu trösten?

Der amerikanische Philosoph Crispin Sartwell hat ein großartiges Buch mit dem Titel *Six names of Beauty* (2004) geschrieben. ‚Sechs Worte für Schönheit'. Anhand der Wörter für ‚Schönheit' auf Englisch, Hebräisch, Sanskrit, Griechisch, Japanisch und in der Sprache der Navajo-Indianer lässt er jeweils eine andere Dimension von ihr deutlich werden, denn Schönheit ist nicht eindeutig, nicht mit einem einzigen Wort oder einer einzigen Erfahrung zu fassen. Im Englischen wird Schönheit, *beauty,* mit Verlangen assoziiert. Schönheit verweist dann zuallererst auf das Objekt des (männlichen) Verlangens. ‚Beauty' wird mit Frauen und mit konventionellen Auffassungen über körperliche Schönheit verbunden. Im Niederländischen finden wir diese Bedeutung im Schönheitssalon des Schönheitsspezialisten wieder, der uns eine Schönheitsbehandlung angedeihen lässt. Oder in unserem Schönheitsschlaf.

Außer mit negativen Assoziationen mit frauenfeindlichen und klischeemäßigen Schönheitsidealen hat Schönheit, *beauty,* auch mit einer stärker existenziellen Form des Verlangens zu tun. Verlangen nach etwas oder nach jemand. Ein Verlangen, das mit dem ‚Wissen‘ um Verfall und Verlust einhergeht, wie unbestimmt es manchmal auch sein mag. Die Erfahrung der Schönheit einer Blume trägt das Wissen um die Vergänglichkeit in sich. Ist das Kummer und braucht es Trost? Macht das Wissen um Vergänglichkeit das Verlangen nach Trost intensiver? Bringen wir deshalb zu einer Beerdigung Blumen mit? Appelliert die tröstende Schönheit einer einzelnen Rose unbewusst an unsere Vergänglichkeit?

Das griechische Wort für Schönheit, *to kalon*, hat mit Klarheit, Einfachheit und Deutlichkeit zu tun. Es ist die Schönheit der Idee, der Einheit, der Ordnung und der Erkenntnis, der Schau dieser Dinge und des Verlangens danach. Es ist die Schönheit der Vollkommenheit. Auch hier gilt, dass diese Schönheit, die Schönheit des Wissens, die Einsicht, uns trösten und die Welt auf neue Weise sehen lassen kann.

Mit dem hebräischen Wort *Yapha*, das Glanz, Funkeln, Leuchten bedeutet, wird eine plötzliche, oft intensive Erfahrung von Schönheit angedeutet, die gleichsam spontan entsteht. Farbe und Geruch, Ewigkeit und Flüchtigkeit, Konzentration und Intensität und vor allem Verwunderung drängen sich in einem einzigen und starken Augenblick auf.

Wieder anders ist die Erfahrung, auf die das Sanskrit verweist. *Sundara* ist in dieser Sprache das Wort für Schönheit. Es verweist auf Ganzheit und Heiligkeit, die Beziehung zwischen Körper und Geist, die Verbundenheit mit dem Kosmos und das Band zwischen dem Göttlichen und dem Irdischen. Wieder geht es um das Verlangen nach Ganzheit und Einheit, aber anders als im griechischen Bild jetzt mit allen Sinnen und mit dem ganzen Körper. Immer andere Aspekte von Schönheit leuchten in diesen Sprachen und Kulturen auf und jedes Mal in anderen Situationen, Kunstwerken, Worten, Musik oder Naturerfahrungen. Viele Arten von Trost für viele Arten von Kummer.

Die japanischen Wörter *wabi-sabi* bringen wieder ganz andere Dimensionen von Schönheit ins Spiel. *Wabi* steht für die unprätentiöse Schönheit und für die Wahrheit des Einfachen und Unvollkommenen. *Sabi*, wörtlich: Rost, verweist auf das Gezeichnetsein durch die Patina der Zeit. Hier tritt ein Aspekt von Schönheit in den Vordergrund, der selten genannt wird, den wir aber alle kennen: der Wert der Schönheit dessen, was hilflos und vergänglich ist. Herbstblätter, vertrocknetes Gras, die Teekanne aus Lehm. Die Schönheit des Verschwindenden, des Unansehnlichen, des Verletzlichen, des Gebrochenen, die Schönheit des Verwahrlosten. Das Ungesehene, das plötzlich sichtbar wird. Es geht um eine Art von Schönheit, die nicht in unsere gewöhnlichen Kategorien passt, schön oder hässlich zählt hier nicht mehr. Es geht um eine Intensivierung des Gewöhnlichen, das plötzlich außergewöhnlich ist, sodass gerade in den Dimensionen der Verwundbarkeit und Vergänglichkeit plötzlich große Schönheit ansichtig wird. Ob es sich dabei um die Schönheit des vom Leben gezeichneten Alters oder der noch unberührten Jugend handelt, im Aufleuchten des Außergewöhnlichen am Alltäglichen liegt eine Bejahung des Lebens als solchem, trotz oder gerade wegen aller Verwundbarkeit und Unvollkommenheit. Und dennoch ist es gut, das wissen wir in einem solchen Augenblick. Solche Erfahrungen können tröstend sein. Sie können eine*n aus dem Kerker des Schmerzes ausbrechen lassen, und sei es für kurze Zeit.

Nein, Kummer und Schmerz werden durch Erfahrungen von Schönheit nicht geheilt. Trösten ist nicht dasselbe wie Schmerz wegzunehmen oder aufzuheben. Es ist Erkenntnis und in einer bestimmten Weise auch eine Relativierung von Schmerz. Intensiver Kummer kann alles beherrschen. Schönheit bricht das auf und bestätigt zum einen die Existenz des Kummers wie die Welt darum herum. Schönheit kann erst dann tröstend sein, wenn diese beiden existenziellen Erfahrungen nicht gegeneinander ausgespielt werden.

In der Sprache der Navajos heißt Schönheit *Hozho*. Von den hier genannten Begriffen ist er möglicherweise der am meisten umfassende und entsprechend schwer zu übersetzen. Die Sprache der Navajo kennt kein eigenes Wort für Kunst oder für Religion, sondern nur Hozho. Das Wort verweist auf Gesundheit und Harmonie, auf Gleichgewicht und auf das Wahre und Gute. Es ist eine Erfahrung von Schönheit, die eine Lebenseinstellung beinhaltet, eine Weise, in der Welt zu sein. Alles ist im Prinzip durchdrungen von dieser Schönheit, von den tieferen Ebenen der Verbundenheit von Menschen untereinander und mit der uns umgebenden Welt, ohne dass die Individualität von irgendjemand aufgehoben würde. Die Klänge und Töne meines Lebens klingen zusammen mit der Symphonie des ganzen Kosmos, ohne dass meine eigene Melodie verloren geht oder unhörbar wird. ‚I walk in Beauty', so klingt es in einem Gebet, ein Lied, in dem diese Sicht auf das Leben zum Ausdruck kommt.

Damit wird übrigens nicht geleugnet, dass das Leben ein andauerndes Hin und Her zwischen Gut und Böse, Kummer und Freude ist. Im Gegenteil: das Gleichgewicht von *Hozho* ist die Schönheit selbst und umfasst alles. Kummer und Schmerz bekommen einen Platz innerhalb des Ganzen, sie müssen nicht geleugnet oder heimlich verborgen werden. Wenn das Gleichgewicht gestört ist, weil jemand krank ist oder anderswie Schwierigkeiten hat, kennt man Rituale zur Wiederherstellung der Harmonie. Ein bekanntes Ritual ist die Sandmalerei. Auf einer Art Bett aus Sand wird mit verschieden gefärbtem Gips ein Bild der Götter angefertigt. Unter Begleitgesängen werden die Götter oder Geister angerufen, in die Zeichnung zu kommen, dem Kranken durch die Wiederherstellung des Gleichgewichts beizustehen, damit er oder sie gesund werden kann. Nach der Zeremonie wird die Zeichnung weggewischt. Die Sandmalerei wird als heilig betrachtet, ein Zeichen der Einheit in der Beziehung zwischen dem ‚irdischen Menschen' und den ‚heiligen Menschen'; sie darf nicht als Ganze im Besitz von ir-

gendjemand sein, weil sonst die bösen Kräfte ins Spiel kommen
können. Exemplare, die in Touristenläden zum Kauf angeboten
werden, sind bloße Nachahmung.

Schönheit und Verwunderung

Ich plädiere hier nicht für die Einführung von Navajo-Ritualen.
Ich meine allerdings, dass die Art und Weise, mit der diese
Indianer*innen im Leben stehen, Elemente enthält, die uns
in unserem westlichen Kontext lehren können, mit Kummer,
Schmerz und Mangel umzugehen. Und sei es nur dadurch,
dass sie zeigen, dass wir diese Erfahrungen nicht vom Rest des
Lebens und also auch nicht von der Schönheit des Lebens ab-
trennen müssen. Schönheit muss nicht ,schön' sein. Schönheit
bestätigt das Leben in allen seinen Dimensionen. Dadurch kann
Schönheit tröstlich sein.

Vielleicht muss ich es ganz anders ausdrücken. Nicht die
Schönheit - in ihrer Verwundbarkeit und Vergänglichkeit, in
ihrem Strahlen, ihrer klaren Einfachheit und ihrem manch-
mal ambivalenten Verlangen -, sondern die Möglichkeit, durch
Schönheit überrumpelt zu werden, bringt mich zum Staunen.
Die Gabe, durch die so verschiedenen Dimensionen von
Schönheit berührt zu werden, ist oft verwirrend stark und be-
harrlich. Gegen besseres Wissen, unter extrem rauhen und bru-
talen Umständen, im Krieg oder beim Nahen des Todes lassen
sich Menschen durch das Schöne eines Augenblicks oder das
Schöne berühren, das sie schon seit Jahrhunderten begleitet.
Man denke an die Pflegerin, die in Mary Sartons *Terugblik* die
todkranke Laura mit dem Versprechen tröstet, ,was auch immer
geschieht, die Sonne wird aufgehen'.

Die Unverwüstlichkeit des Vermögens, Schönheit wahrzunehmen und sie zu genießen: vielleicht liegt darin der größte
Trost, und sei es nur für einen Augenblick.

Wohnen in der Stadt

12. Soul in the city

(...) Glockenspiele
mischen ihre falschen Stimmen in
die übertönende musique concrète
von Autos, Ambulanzen, pneumatischen
Bohrern, Hämmern, Rammgeräten
und überall kriechen Menschen ein und aus
der Schale ihres Hauses, ihrer Hütte,
ihrer lieben, gehassten Abfallhaufen.
Hanny Michaelis

Heute lebt zum ersten Mal in der Geschichte die Mehrzahl der
Weltbevölkerung in Städten, aus freier Entscheidung oder gezwungenermaßen. Die Vereinten Nationen prognostizieren,
dass es 2025 schon 70 Prozent sein werden; der größte Teil davon wohnt auf der Südhalbkugel. Diese Aussicht auf wachsende Verstädterung ruft bei vielen Menschen Angst und Abscheu
hervor, denn in ihren Augen ist die Stadt vor allem ein Ort
von Entartung, Konsum, Pornografie, Lust und Verführung;
von Destruktion, Kriminalität und Gewalt. Ohne Übertreibung
kann man sagen, dass der Westen im Allgemeinen immer einen
ausgeprägten kulturellen Anti-Urbanismus gekannt hat und dieser immer noch populär ist. Auch wenn heute in Westeuropa,
sicher in den Niederlanden, der Unterschied zwischen Stadt
und flachem Land gehörig eingeebnet ist, herrscht noch immer
die Überzeugung vor, das Leben ,draußen' sei besser. Kinder, so

die Überlegung, können viel besser in einem Dorf oder einem Außenbezirk mit Grün, Freiheit und mehr Schutz aufwachsen als in der unsicheren großen Stadt.

Die Stadt hat als Lebensort ein schlechtes Image: das Leben in der Stadt beschert Menschen Stress, Einsamkeit und moralischen Verfall. Aber es ist nicht zu leugnen, dass die Mehrheit der Menschen in die Stadt zieht, auf der Suche nach einem besseren Leben, einer anderen Zukunft, in der sie darauf hoffen, ihre Träume und Sehnsüchte verwirklichen zu können. Besonders Frauen haben in der Stadt mehr Chancen, zu überleben oder dafür zu sorgen, dass ihre Familien überleben, auch wenn sie dort manchmal unter scheinbar unerträglichen Umständen leben. Es ist wichtig, über die kulturellen und religiösen Vorstellungen von der Stadt nachzudenken und zu einem neuen Bild der Stadt zu kommen, damit wir die Menschen, die dort wohnen, in ihren Kämpfen, ihren Träumen und ihrer Hoffnung unterstützen können.

Im Kielwasser der Rückkehr von Ort und Raum in das geographische und kulturwissenschaftliche Denken (der *spatial turn*; siehe auch das Kapitel 2: ‚Zeit schafft Orte‘) hat die Stadt in den letzten Jahrzehnten auch in Theologie und Religionswissenschaften an Terrain gewonnen. Im Mittelpunkt steht dabei die Wahrnehmung der tiefen Ambivalenz, die das städtische Leben kennzeichnet. Damit gehen Theologie und Religionswissenschaften nicht nur auf Distanz zu einer langen religiösen und kulturellen Tradition, in der die Stadt ein rein negatives Image hatte, sondern ebenso zu einer Tradition, in der das Gegenbild von der Stadt als Utopie dominierte.

Nach einer kurzen Skizze der Art und Weise, in der die Stadt in der Bibel und der christlichen Tradition dargestellt wurde, möchte ich folgender Frage nachgehen: Kann die Stadt, mit ihren ganzen Ambivalenzen, ein ‚locus theologicus‘ sein, ein Ort, an dem göttliche Anwesenheit sichtbar wird, und sei es auch nur kurz? Und wo lassen sich diese Spuren der göttlichen

Anwesenheit dann finden? Ich suche nach den Orten von Anwesenheit, die mit Formen des geistlichen oder spirituellen Widerstands verbunden sind. Orte, an denen Menschen im Mittelpunkt stehen und so miteinander verbunden sind, dass das Gewöhnliche zum Außergewöhnlichen wird, an denen Sorge und Hilfe füreinander entstehen, Momente, in denen Apathie überwunden und das Leben gefeiert wird.

Das können alle möglichen Orte sein, auch öffentliche Räume, die sich Menschen zueignen und - sei es auch nur auf Zeit - zur ‚heiligen Stätte' machen. Oft sind das Orte, an denen Frauen, oft freiwillig, aktiv beim Aufbau einer Gemeinschaft aktiv sind, in welcher Form auch immer. Ich meine, wir müssen Sensibilität entwickeln, um diese meist unbekannten und ungenannten, aber lebendigen, vielleicht sogar gnadenreichen Orte in der Stadt zu entdecken, damit wir die Stadt auch in religiöser Perspektive als vitalen und herausfordernden Ort wahrnehmen können.

Die Stadt in der Bibel und der christlichen Tradition

Die ambivalente Haltung im Blick auf die Stadt kommt schon in den ersten Büchern der hebräischen Bibel zum Ausdruck, vor allem in Passagen, in denen stark anti-urbane Gefühle greifbar werden. Gott schuf den Garten, ein Paradies. Nachdem Adam und Eva das Paradies verlassen mussten, lebten sie mit ihren Söhnen Kain und Abel auf dem Land. Abel wurde Hirte, Kain Bauer. Aber nachdem er seinen Bruder ermordet hatte, ‚ging Kain vom Herrn weg' (Gen 4,16) und erbaute die Stadt Henoch, benannt nach seinem kleinen Sohn. Hier stoßen wir auf die erste Gegenüberstellung von ‚beim Herrn sein' und in der Stadt sein. Nimrod, einer der Nachkommen Noahs und ‚der erste Mächtige auf Erden', war der zweite Städtebauer, er erbaute unter anderem die verdorbene Stadt Ninive. Andere Nachkommen erbauten die Stadt Babel ‚mit einem Turm, der bis in den Himmel reicht', aber wurden für ihre Hybris mit der Sprachverwirrung schwer bestraft, die sämtliche Kommunikationsprobleme unter Menschen hervorbrachte.

Es gibt zahlreiche berühmte biblische Beispiele für sündige, perverse und gewalttätige Städte: von Sodom und Gomorra bis zum ,großen Babylon, der Mutter aller Dirnen und aller Abscheulichkeiten in der Welt' im Buch der Offenbarung. Interessant ist, dass alle Metaphern, die für diese Städte Verwendung finden, weiblich sind. Städte werden als Huren und Dirnen dargestellt, die den König und seine Nachfolger zur Unsittlichkeit oder zum Götzendienst verleiten, einem Verhalten, das vielfach durch sexuelles Begehren angestachelt wird. In zahllosen Bibeltexten und der dazu gehörigen Rezeptionsgeschichte werden Städte und Frauen miteinander in Verbindung gebracht und gemeinsam dämonisiert.

Auf der anderen Seite wird die Stadt immer auch als der Ort für Friede und Glück betrachtet. Städte werden dann als Orte der Befreiung und Erlösung eingeführt. Hier wohnen Menschen und fühlen sich zuhause. Die Stadt ist in dieser Perspektive der Ort, an dem Gott oder die Götter wohnen. Nicht zufällig kennen viele Religionen eine heilige Stadt. Jerusalem, Varanasi (Benares), Mekka: wirklich existierende Städte mit einer hohen religiösen und symbolischen Bedeutung. Städte werden als Orte des Wohlergehens dargestellt, als beste Umgebung für Menschen, um in Friede und Harmonie zusammenzuleben. Sowohl in griechischen Auffassungen über die *polis* wie auch in biblischen Texten finden sich Städte, die ideale Gemeinschaften und visionäre oder utopische Wohnorte sind. Aber auch aus einer weniger idealistischen Vision heraus sind so verschiedene Denker wie Thomas von Aquin und die politische Philosophin Iris Marion Young der Auffassung, die Stadt sei ein herausragender Ort, an dem Menschen ein gutes und rechtschaffenes Zusammenleben verwirklichen könnten. In der christlichen Bibel erscheint die Stadt schließlich als der

Ort der Anwesenheit Gottes par excellence: In Offenbarung 21 steigt die heilige Stadt Jerusalem vom Himmel herab. Es fällt auf: auch das Bild der heiligen Stadt ist eine Frau, ‚erfüllt von der Herrlichkeit Gottes. Sie glänzte wie ein kostbarer Edelstein, wie ein kristallklarer Jaspis'.

Obwohl sich christliche Denker, darunter Augustinus, durchaus dessen bewusst waren, dass wirklich existierende Städte beide Typen von Bildern verkörpern, konnte das eine Geschichte von vor allem negativen kulturellen Stereotypen nicht verhindern. Dabei steht die ‚irdische' Stadt einzig und allein als Symbol für Sünde, Wollust und Götzendienst. Die Stadt wird gleichgesetzt mit menschlicher Abwendung vom Göttlichen, ja sogar mit der Abwesenheit des Göttlichen. Gott und die Stadt schließen sich gegenseitig aus und stehen sich diametral gegenüber. Weil Bilder von Friede und gutem Leben – und damit die Anwesenheit Gottes – aus diesem Stereotyp der Stadt verbannt werden, ist die seit alters her bestehende kreative Spannung ‚aufgelöst', die zu mehrdeutigen Vorstellungen von der Stadt gehört. Die scharfe Trennung zwischen der Stadt Gottes und der Stadt des Menschen bei Augustinus funktioniert als Modell und Grundlage für diese Art des Denkens.

Dieser stereotype dualistische Blick auf die Stadt lässt sich in der gesamten intellektuellen Geschichte des Westens wiederfinden. Die Stadt wird als zutiefst profan betrachtet. Ich nenne hier als Beispiel die negative Vision des Religionsphilosophen und -historikers Mircea Eliade von den religiösen Möglichkeiten der Stadt, eine Charakterisierung, die auch seine berühmte Beschreibung des Sakralen im Gegensatz zum Profanen geprägt hat:

‚Das Christentum der Industriegesellschaft dagegen, vor allem das der Intellektuellen, hat seit langem die kosmischen Werte verloren, über die es im Mittelalter noch verfügte. Daraus muss nicht notwendigerweise folgen, dass das städtische Christentum verfallen oder minderwertig wäre, sondern nur, dass die religiöse Empfänglichkeit der Stadtbewohner ernsthaft verarmt ist. Zu der kosmischen Liturgie, zum Mysterium der Teilhabe der Natur am christologischen Drama, haben die Christen aus der großen Stadt keinen Zugang mehr' (S. 114).

Außerdem sehen wir bei Eliade, wie Gender mit der Gegenüberstellung von Sakralität und Profanität verkoppelt wird: wie selbstverständlich wird das Heilige, das wirklich transzendente Heilige, mit Männlichkeit assoziiert und das Weltliche, Irdische, mit Weiblichkeit.

Dennoch verschwand die kreative Spannung nie ganz aus der Tradition und blieb die Stadt für einige Theologen, darunter wie gesagt Thomas von Aquin, die vollkommenste Form von Gemeinschaft. In ihren Augen ist eine gute Gestaltung der Stadt Bedingung für das Wohl aller. Die vorsichtige Rückkehr der Stadt in die heutige Theologie, beispielsweise im Werk von Sheila Briggs, Philip Sheldrake oder Christopher Baker, richtet erneut die Aufmerksamkeit auf das alte Bild der Stadt als einen Ort, an dem Gott wohnt. Als Vision, Aufruf, Anklage gegen Ausschließung, Unrecht und städtische Gewalt, aber ebenso als Anerkennung des unausrottbaren Gefühls für göttliche Anwesenheit, das selbst aus der komplexesten Metropole trotz allem einen lebendigen Ort macht.

Thirdspace, mehr als Gegensätze

Der Begriff *Thirdspace*, wörtlich dritter Raum, spricht mich sehr an, aber ich lasse den Begriff lieber im Original. Ich entlehne ihn dem amerikanischen Stadtgeographen Edward Soja, der an Denker wie Bell Hooks, Michel Foucault und vor allem an den Stadtsoziologen Henri Lefebvre anschließt, der das dreidimensionale Modell von Raum und Zeit eingeführt hat.

Thirdspace ist eine Art des Sehens und Interpretierens, die sowohl die wirkliche, konkrete Dimension der Stadt umfasst (*Firstspace*) als auch das Niveau des bildhaften Ausdrucks, die symbolischen Bilder (*Secondspace*). Aber Thirdspace impliziert auch etwas, das weiter als diese beiden zusammen geht, etwas, das mehr ist. Thirdspace lässt die hierarchische Gegenüberstellung von Firstspace und Secondspace links liegen und nimmt beide in eine andere Wirklichkeit, eine andere Perspektive auf. In Thirdspace scheinen Stadtbewohner dazu imstande, die vorhandene Wirklichkeit und die Symbole und Regeln, die dazu gehören, zu übersteigen und ihnen in einem Prozess der kreativen Zueignung neu Form zu verleihen. Im Raum des gelebten Lebens, der Thirdspace ist, entsteht das Mehr.

Thirdspace kann sich in vielen Bereichen zeigen: in der Stadtplanung, der Wirtschaft, dem sozialen Leben, in Religion und Kunst. Es entsteht immer an Orten am Rand, an den Rändern des Selbstverständlichen und im Unerwarteten und Unvermuteten. Im Thirdspace entstehen neue Koalitionen und werden Brücken gebaut. Es entsteht ein Fundament für Solidarität, für politische, soziale, künstlerische und religiöse Praxis.

Gehen wir auf die Suche nach Erfahrungen von Thirdspace, öffnen wir die Augen für die Dynamik, die in Städten anzutreffen ist, für das, was Ben Highmore in seinem Buch *Cityscapes* die *messy actuality* nennt: die unordentliche Wirklichkeit, das chaotische Ganze aus gewöhnlichen und außergewöhnlichen Praktiken und Lebensstilen. Gehen wir auf die Suche nach Orten von Hoffnung, Kampf, Begegnung, Unterkunft, schöpferischer Kraft, Widerstand, Überleben und Gemeinschaft. Mir geht es nicht darum, heutige Städte zu idealisieren. Ich bin nicht blind angesichts der gigantischen Probleme großer Städte: große Ungleichheit in den verschiedensten Bereichen, Überbevölkerung, hohe Kriminalität, Illegale und so weiter. Es geht mir darum, dass in der Stadt mehr zu finden ist: unerwartete Chancen und Begegnungen, Kunst, Offenheit für Fremde, das Neue und Unbekannte. Probleme der Städte sind nicht einfach zu lösen. Aber um die Paradoxien des Lebens in der Stadt in den Blick zu nehmen und damit umzugehen, braucht es die Bedingung, dass wir den städtischen Charakter der Stadt mögen (*to like the urban-ness of urban life*, wie Elizabeth Wilson so schön formuliert). Es verlangt, dass wir die Stadt nicht länger aus den traditionellen Dualismen heraus betrachten, mit ihrer Entweder/oder-Logik – sakral oder profan, gut oder böse –, sondern mit einem sowohl/als auch und noch weiter. Und beides und mehr. Vielleicht können wir dann in der unordentlichen Wirklichkeit, die sowohl materiell wie metaphorisch ist, das alltägliche Leben der Stadt als wichtige Quelle von Erkenntnis entdecken – und wer weiß, von göttlicher Anwesenheit.

Nicht nur in den Metropolen und Megastädten der Welt stoßen wir auf zahllose Praktiken von Thirdspace, sondern genauso gut im niederländischen Kontext. Ich behandle hier zwei konkrete Beispiele in der (meiner) Nähe, die mir außerdem sehr am Herzen liegen. Das erste ist das Annahuis, ein ökumenisches diakonisches Zentrum in der Stadt Breda, das zweite ist ein Kunstprojekt in Tilburg, die Ausstellung *Search for Identity* der Textilkünstlerin Sigrid Calon, die selber auch in Tilburg wohnt. Ich möchte zeigen, wie das Annahuis ein Zufluchtsort ist, ein unkonventioneller heiliger Raum in der Stadt, und wie in Calons Projekt sichtbar wird, dass die Stadt als solche eine sakrale Kraft besitzt oder in Bewegung setzen kann.

Das Annahuis

Das Annahuis ist ein großes Gebäude, ein früheres Pfarrhaus am Rand des Stadtzentrums von Breda. Es ist ein diakonisches Zentrum, wie es sie in den Niederlanden wohl noch mehr gibt. Zwei- oder dreimal in der Woche öffnet das Annahuis seine Türen für jeden, der Lust hat auf Kaffee, auf ein Schwätzchen, der Gesellschaft oder ein ernsthaftes Gespräch braucht: das

‚Publikum'. Die Anwesenden sehen sich – ob Besucher, Ehren- oder Hauptamtliche – als eine Gemeinschaft. Manche kommen seit Jahren, andere erst seit einigen Wochen und wieder andere sind zum ersten oder zweiten Mal da. Für viele der regelmäßigen Besucher*innen ist das Annahuis ein Zuhause, eine Art Verlängerung ihres eigenen Hauses. Für einzelne ist es ihr eigenes Haus, weil sie keinen eigenen Platz haben. Das Annahuis ist wie ein Zuhause und es ist gleichzeitig mehr. Die Menschen, die dorthin kommen, werden wahrgenommen und gekannt, während viele von ihnen im täglichen Leben oft außerhalb der sozialen, wirtschaftlichen und kulturellen ‚Normalität' angesiedelt werden.

Die meisten Besucher im Annahuis haben eine prekäre sozioökonomische Stellung, um ihre Gesundheit ist es oft schlecht bestellt und sie müssen häufig mit den administrativen und bürokratischen Aspekten des Lebens kämpfen. Sie tragen die sichtbaren und unsichtbaren Zeichen dieser Tatsache an sich; sie fühlen sich oft unsicher, machtlos, wütend, minderwertig und haben ein schwaches Selbstgefühl. Es sind Menschen an den Rändern der Gesellschaft, Menschen, in deren Körper die ‚messiness' der Gesellschaft eingeschrieben ist. Aus dieser Gruppe heraus wird zweimal im Monat ein Essen für alle zubereitet, die sich beteiligen wollen. Es werden Einkäufe erledigt, es wird gekocht und der Tisch wird prächtig gedeckt. Es gibt einen Augenblick der Stille, es werden einige Worte gesprochen, die Menschen essen und unterhalten sich, dann folgen das Aufräumen und der Abwasch. Ohne die Aufsicht eines der Mitglieder des Betreuungsteams klappt das nicht gut.

Fünf Tage in der Woche ist das Annahuis ‚Anlaufstelle'. Dann steht die Tür für jeden offen, der einen Führer im Dschungel des Regelwerks, das für Menschen am Rand den Zugang zum Sozialdienst, zum Gesundheitsdienst für Körper und Geist, zur Einwanderungsbehörde, zur Hilfe für Abhängige, Wohnraum oder sogar schlicht zu Seife und Zahnpasta so oft verunmöglicht. Gleich welche Hilfestellung erbeten wird, es gibt immer zuerst Kaffee und Aufmerksamkeit für die Erzählungen der Menschen.

Es geschieht noch mehr im Annahuis: Mandalas werden gemalt, es gibt ein offenes Atelier, Augenblicke der Besinnung, wobei der Beitrag jedes einzelnen wertgeschätzt wird. Es gibt Blumen, das Haus ist mit Wandverzierungen geschmückt, es gibt eine Jahreszeitentafel mit Blumen und Symbolen für die Jahreszeiten. Diese Art von Aktivitäten und Schmuck setzt auf die Kreativität, Ausdrucksfähigkeit und Einzigartigkeit jedes Besuchers. Man möchte ein ,Gefühl für das Schöne und Gepflegte' in einer täglichen Umgebung wachrufen, die oft grau und hässlich ist. Wer jemals die jährliche Ausstellung von Mandalas und das offene Atelier besucht hat, nimmt den Stolz und die Kraft wahr, die diese Aktivitäten zustande bringen, und eine Art ,Gerechtigkeitsgefühl': auch wir können das. Bis heute hat das Haus recht wenig mit Aggression und Diebstahl zu kämpfen und die unsichtbaren Grenzen zwischen den Räumen für die Besucher*innen und den Stockwerken darüber werden nicht übertreten.

Der (christlich motivierte) Glaube an die Würde und den Wert jedes Menschen bildet die Grundlage für die Kontakte zwischen Besucher*innen, Angestellten und Ehrenamtlichen - das ist jedenfalls das Ideal. Es geht um Gegenseitigkeit und Gleichheit. Jede*r, Besucher*in und Angestellte*r, hat etwas zu geben und zu empfangen, gleich unter welchen Bedingungen sie leben. In dieser Vision liegen Ursprung und Herz des Annahuis. Mit dieser ,fremden', radikal offenen Haltung, die so quer steht zu den herrschenden Auffassungen über Menschen am Rand, erweist sich das Zentrum als ein Thirdspace in einer städtischen Gesellschaft. Das Annahuis ist ein Thirdspace, weil es nicht in den Formen und Bildern, Routineabläufen und Regeln gesellschaftlicher und kirchlicher Institutionen gefangen bleibt, sondern darüber hinaus einem Mehr Gestalt verleiht.

Das Annahuis ist nicht einmalig. Viele Städte in den Niederlanden und auf der ganzen Welt kennen solche Zentren, genau
wie das Annahuis oft auf religiöser Grundlage. Und auch dort
sind die Kräfte, die das Haus aufbauen, Ausdauer und ein aus-
geprägtes Verlangen danach, zu einer anderen Welt und einem
besseren Leben für alle beizutragen; ein starker Glaube daran,
dass Menschen ihren eigenen Mut, ihre Identität, Kraft und
Möglichkeiten entdecken können, wenn sie von einer Gemeinschaft unterstützt werden und einen sicheren Ort haben, um
sich entsprechend einzuüben. Das Annahuis ist ein solcher Ort.
Es ist Ziel und Hoffnung der Menschen, die sich um das Annahuis kümmern, in voller Offenheit, Verwundbarkeit und Kraft
zu leben, ohne Grenzen und mit vollem Risiko, wie schwer das
auch fallen mag. Und manchmal, beim Kaffee oder im Garten,
ist dieser Zufluchtsort (auf Englisch treffend *sanctuary*, mit dem
Verweis auf das Heilige schon im Wort) einen Augenblick lang
ein ‚heiliger‘ Ort. Dann ist das Annahuis auf einmal ein Ort göttlicher Anwesenheit. In diesen Augenblicken wird das gewöhnliche Alltägliche außergewöhnlich. In diesen Augenblicken, so
sage ich es als Theologin, gibt es ein Mehr, ein religiöses und
göttliches Mehr, dass die Unordnung der städtischen Gegenwart durchdringt.

Das Kunstprojekt Search for Identity

Search for Identity ist ein Projekt der Tilburger bildenden Künstlerin Sigrid Calon (1969). Nach ihrer Ausbildung an der Kunst-
akademie erledigte sie einige Jahre lang Auftragsarbeiten, bevor
sie beschloss, sich als freischaffende Künstlerin weiterzuent-
wickeln. Textilien wurden zu ihrem Material. Nach ein paar er-
folgreichen Projekten war sie auf der Suche nach einem neuen
Impuls, auch im Blick auf die Möglichkeiten von textilem Material. Zufällig las sie in der Zeitung, dass in Tilburg Menschen
aus etwa zweihundert Nationen wohnen. Wie viele Menschen

verschiedener Nationalitäten kenne ich eigentlich, fragte sie sich. Wer sind sie, woher kommen sie, warum sind sie hier, und, in Fortsetzung davon, wo liegen eigentlich meine eigenen Wurzeln und meine Identität? Sie suchte Kontakt zu einer Vereinigung ausländischer Frauen und kam ins Gespräch mit neun Frauen mit verschiedenem nationalen, ethnischen und religiösen Hintergrund. Sie wurde selbst die zehnte Frau im diesem Projekt. Sie sprach ausführlich mit den Frauen und sammelte Geschichten über ihren Geburtsort, ihre Jugend, die Gründe für ihre Migration, ihre Erinnerungen und ihre Erfahrungen in Tilburg. Sie bat sie um ein Foto von einem wichtigen Moment in ihrem Leben. So sprach sie mit einer Chinesin, einer Kurdin und einer Marokkanerin, aber auch mit einer Frau aus Somalia, aus Russland und aus Peru.

Die Geschichten und Fotos der zehn Frauen, darunter also auch die von ihr selbst, transformierte Sigrid Calon in eigene Bilder und Interpretationen. Sie verarbeitete sie auf großen, transparenten Seidentüchern mit Digitaldruck, auf vielfarbigen detailreichen Tafeln mit XL-Rahmen und auf hightech-gewobenen Wandbehängen. Für jede Frau ein Tuch, eine Tafel und ein Wandbehang, in denen Elemente aus ihrer jeweiligen Geschichte verarbeitet waren.

So zum Beispiel die Geschichte von Shadiya. Sie flüchtete als Sechzehnjährige aus Somalia und erreichte die Niederlande allein, von einem Onkel zurückgelassen. Als Sigrid mit ihr sprach, hatte sie anscheinend noch ein Foto von ihrer Familie. Es wurde auf einem Wandbehang angebracht, auf dem in der Handschrift von Shadiya auch die dreizehn Namen ihrer Vorfahren standen. Auf der gerahmten Tafel über Shadiya ist eine mit Henna bemalte Hand zu sehen, ein Hinweis auf ihre Kultur. Die Symbole auf der Hand sind abscheulich: Bomben und Totenköpfe als Ausdruck für die Unsicherheit in ihrem Land und für ihre Gründe, aus Somalia zu flüchten.

Oder nehmen wir die Werke, die aus den Begegnungen mit Vita aus Russland entstanden sind. Es sind darin Symbole aus dem Kommunismus verarbeitet, aber auch solche der Russischen Orthodoxen Kirche. Unter dem Porträt von Vita steht das Symbol für Kernenergie. Vita wohnte 25 Kilometer von Tschernobyl entfernt und musste nach der Katastrophe in dem Kernkraftwerk Hals über Kopf wegziehen, ohne dass sie gewusst hätte, was los war.

Sigrid Calon fragte eine Gruppe weiblicher Flüchtlinge aus Tilburg-Nord, ob sie unter ihrer Aufsicht mit großen (XL) Kreuzen die Tafeln einrahmen wollten. Eine Form der Zusammenarbeit, die sie bei einem früheren Projekt mit Einrahmungen schon einmal praktiziert hatte, damals mit Menschen mit geistiger Behinderung.

Auch ihre eigene Geschichte und ihre Erzählungen bearbeitete Calon zu einem Tuch, einem Wandbehang und einer Tafel. Auf ihrem Wandbehang findet sich das Foto einer großen Familie, aufgenommen bei der Goldenen Hochzeit ihrer Großeltern. Dort liegen ihre Wurzeln: bei ihrem Großvater und ihrer Großmutter, die die Familie zusammenhielten. Das sei für ihr Leben essenziell wichtig, so erklärte die Künstlerin im *Brabants Dagblaad* ihren Wandbehang. Das Foto bildet einen schreienden Gegensatz zu den Geschichten der anderen Frauen, deren Familie oft Tausende von Kilometern weg wohnt.

Einen Augenblick lang ein heiliger Ort

Die Eröffnung der Ausstellung im Jahr 2008 war schon als solche ein Ereignis. Im Ausstellungsraum kamen Menschen zusammen, die einander im normalen Leben nie getroffen hätten. Alle Frauen und ihre Freund*innen, die somalische Stickgruppe und ihr Anhang, die Künstlerin selber mit ihrer Familie, Freunden und Bekannten, Vertreter*innen der Stadt und aller Organisationen, die das Projekt als Sponsor*innen unterstützten, ‚normale‘ Kunstliebhaber*innen und, weil es hier um Migrant*innen ging, auch verschiedene Vertreter*innen von Migrant*innenorganisationen, Haupt- und Ehrenamtliche. Alle angeregt miteinander im Gespräch um die zentralen Figuren der Ausstellung herum, nicht nur die Kunstwerke, sondern auch die porträtierten Frauen selber. Sie standen in der Nähe der ihnen gewidmeten Kunstwerke und erzählten ihre Geschichten zu den Tüchern, Tafeln und Wandbehängen. Sie legten die von Sigrid Calon ausgewählten Symbole ein weiteres Mal aus, als ob sie neu wären, sie erzählten ihre Geschichte zu den abgedruckten Fotos und lieferten damit ihre eigene Interpretation von Sigrids Interpretation ihrer Geschichten und Erinnerungen. So erzählte die Peruanerin Flor, dass auf ‚ihrem‘ Tuch das Wort CUSIPATA zu lesen ist. Es weist auf eine Pasta hin, die sie in ihrem Küchenschrank stehen hat und die in der Fabrik ihrer Schwester hergestellt wird. Die Frauen gaben voller Trotz und Hingabe und mit sichtlichem Vergnügen ihre Erläuterungen zu den Kunstwerken. Das Persönliche, das in der Kunst mehr ins Allgemeine gehoben wird, wurde dabei aufs Neue persönlich, aber diesmal mit besonders starker Aussagekraft.

Diese Zusammenkunft, das Ereignis der Ausstellung *Search for Identity* ist für mich eine Form von Thirdspace. Dieses Projekt durchbrach, wie oft in der Kunst, selbstverständliche Grenzen und damit die Grenzen des Selbstverständlichen. Das Projekt schuf unerwartete Verbindungen und gab einer großen Zahl von Frauen aus Tilburg und ihren Familien neue Kraft und neues Selbstvertrauen. Aber es lud uns als Zuschauer*innen dazu ein, uns unserer Selbstverständlichkeiten, unserer Identität und unserer Beziehungen bewusst zu werden und auf die Suche nach unseren eigenen Geschichten zu gehen.

Es führt vielleicht etwas zu weit, von dieser Ausstellung als einer Form von *urban religion* oder städtischer Religiosität zu sprechen. Trotzdem nenne ich diesen Thirdspace, dieses spezifisch städtische Projekt *Search for Identity* einen ‚heiligen Ort'. In seinen transformierenden und kommunikativen Dimensionen erkenne ich ein Aufscheinen von göttlicher Anwesenheit. Sie sorgten für Stolz und Selbstvertrauen bei den Frauen, die am Projekt teilnahmen, und für Erstaunen beim Publikum. Es wird sichtbar, wie die Stadt oft eine bemerkenswerte Vitalität bei Menschen und in der städtischen Umgebung selber auszulösen vermag. Einen *sense of presence*.

Literatur

Diese Liste enthält die in den Texten angeführte Literatur, ergänzt durch Bücher, die beim Schreiben und Bearbeiten der Texte als wichtige Hintergrundliteratur gedient haben. Die Liste ist keinesfalls erschöpfend und dient zur Information und Orientierung.

Berlis, A. und A.-M. Korte (red.), *Alledaags en buitengewoon. Spiritualiteit in Vrouwendomeinen*, Vught, Skandalon 2012.

Bollman, S., *Vrouwen die lezen zijn gevaarlijk. Lezende vrouwen in de schilderkunst en fotografie*, met een inleiding van K. Hemmerechts, Brussel/Amsterdam, Salome/Amsterdam University Press 2006.

Bollman, S., *Vrouwen die schrijven leven gevaarlijk*, met een inleiding van K. Hemmerechts, Brussel/Amsterdam, Amsterdam University Press 2007.

Braidotti, R. und S. Haakma, *Ik denk dus zij is. Vrouwelijke intellectuelen in een historisch perspectief*, Kampen, Kok Agora 1994.

Braidotti, R., *Transpositions: On Nomadic Ethics,* Cambridge, Polity Press 2006.

Braidotti, R., B. Blaagaard, T. de Grauw und E. Midden (eds.), *Transformations of Religion and the Public Sphere*, New York, Palgrave Macmillan 2014.

Brederode, D. van, H. Dupuis, S. Jensen, H. Peeters et. al., *Zij denkt dus zij bestaat*, Amsterdam, Ambo 2008.

Brock, R. N., *Journeys by Heart. A Christology of Erotic Power*, New York, N. Y., Crossroad 1988.

Buitelaar, M., *Van huis uit Marokkaans. Over verweven loyaliteiten van hoogopgeleide migrantendochters*, Amsterdam, Bulaaq 2009.

Buitelaar, M. und G. J. van Gelder, *Eet van de goede dingen! Culinaire culturen in het Midden-Oosten en de Islam*, Bussum, Coutinho 1995.

Curtis, D. W. und L. M. Heldke (eds.), *Cooking, Eating, Thinking. Transformative Philosophies of Food*, Bloomington/Indianapolis, Indiana University Press 1992.

Daly, M., *Quintessence. Realizing the Archaic Future*, Boston, Beacon Press 1998.

De Silva, C. (red.), *In de keuken van het geheugen. Nagelaten door de vrouwen van Teresienstadt*, Haarlem, De Toorts 2001 (Übersetzung von J. Freud, M. Visser-Wijnschenk, J. Hesseling und D. Duyster van: De Silva, C., red., *In Memory's Kitchen. A legacy from the Women of Terezin*, New Jersey, Jason Aronson 1996).

Eliade, M., *Het Heilige en het Profane. Een onderzoek naar het wezen van religie*, Amsterdam, Uitgeverij Abraxas 2006 (Übersetzung von D. Mok, N. van Maaren und A. Scheepers van: Eliade, M., *The sacred and the Profane. The Nature of Religion*, Boston, Houghton Mifflin Harcourt 1968).

Fisher, M. F. K., *The Art of Eating*, New York, Collier Books 1990.

Graham, E., ,What We Make of the World. The Turn to "Culture" in Theology and the Study of Religion', in: G. Lynch (red.), *Between Sacred and Profane. Researching Religion and Popular Culture*, London/New York, I. B. Taurus 2007.

Grimes, R. L., *Deeply into the Bone. Re-inventing Rites of Passage*, Berkeley, University of California Press 2000.

Haardt, M. de, *Dichter bij de dood. Feministisch-theologische aanzetten tot een theologie van de dood*, Zoetermeer, Boekencentrum 1993.

Haardt, M. de, ,Kom eet mijn brood ... Exemplarische verkenningen naar het goddelijke in het alledaagse', in: *Tijdschrift voor Theologie*, 25/1 (2000) 5-22.

Haardt, M. de, ,Grond onder de voeten. De uitdagingen van de leeropdracht "Vrouwen, geloof en cultuur"', in: *Tijdschrift voor Genderstudies*, 9/4 (2002) 62-76.

Haardt, M. de, ,De stad een heilige plaats? Theologische en religiewetenschappelijke overwegingen bij urbanisatie', in: *Tijdschrift voor Theologie*, 51/4 (2011) 352-370.

Haasse, H. S., *Het dieptelood van de herinnering*, Amsterdam, Querido 2004.

Henkes, B., *Heimat in Holland. Duitse dienstmeisjes 1920-1950*, Amsterdam, Babylon-de Geus 1995.

Highmore, B., *Cityscapes. Cultural Readings in the Material and Symbolic City*, Basingstoke/New York, Palgrave 2005.

Isasi-Díaz, A. M., *En La Lucha/In the Struggle*, Minneapolis, Fortress Press 1993.

Isasi-Díaz, A. M. und F. F. Segovia (red.), *Hispanic/Latino Theology. Challenges and Promise*, Minneapolis, Fortress Press 1996.

Jurecic, A., *Illness as Narrative*, Pittsburg, University of Pittsburg Press 2012.

Kamitsuka, M. D. (red.), *The Embrace of Eros, Bodies, Desire, and Sexuality in Christianity*, Minneapolis, Fortress Press 2010.

Korsmeyer, C., *Making Sense of Taste, Food and Philosophy*, Ithaca/London, Cornell University Press 1999.

Kwok, P. L., *Postcolonial Imagination and Feminist Theology*, London, SCM Press 2005.

Keller, C. *Face of the Deep: A Theology of Becoming,* London, Routledge 2003.

Keller, C., *Cloud of the Impossible: Negative Theology and Planetary Entanglement*, New York, Columbia University Press 2015.

Keller C. und Schneider L. C. (eds.), *Polydoxy: Theology of Multiplicity and Relation*, New York, Routledge, Taylor & Francis Group 2011.

Lane, B. C., *Landscapes of the Sacred. Geography and Narrative in American Spirituality*, Baltimore/London, The Johns Hopkins University Press 2002.

Lorde, A., *Sister Outsider. Essays and Speeches*, Trumansburg/New York, The Crossing Press 1984.

Lucassen, J. und L. Lucassen, *Winnaars en verliezers. Een nuchtere balans van vijfhonderd jaar immigratie*, Amsterdam, Bert Bakker 2011.

Lupton, D., *Food, the Boy and the Self,* London 1996.

Lyden, J. (red.), *The Routledge Companion to Religion and Film*, London/New York, Routledge 2009.

Lynch, G., *Understanding Theology and Popular Culture*, Oxford, Blackwell Publishing 2005.

MacDonald, A. M., *Laten wij aanbidden*, Amsterdam, Nijgh & Van Ditmar 1997 (Übersetzung von P. Abelsen van: MacDonald, A. M., *Fall On Your Knees*, London 1996).

Marsh, C., ,Did you say Grace. Eating and Community in Babette's Feast', in: C. Marsh und G. Oritz (red.), *Explorations in Theology and Philosophy, Movies and Meanings*, London, Blackwell Publishers 1997.

McClintock Fulkerson, M., *Changing the Subject. Women's Discourses and Feminist Theology*, Minneapolis, Fortress Press 1994.

Mendez Montoya, A. F., *The Theology of Food. Eating and the Eucharist*, Malden/Oxford, Willey-Blackwell 2009.

Meskens, A., *Eindelijk buiten. Filosofische stadswandelingen*, Rotterdam, Lemniscaat 2007.

Michaelis, H., *Wegdraven naar een nieuw Utopia*, Amsterdam, Van Oorschot 1971.

Mitchell, J. und B. S. Plate (red.), *The Religion and Film Reader*, New York/London, Routledge 2007.

Portnoy, E., *Zielespijs en wat verder ter tafel komt. Essays*, Amsterdam, Meulenhof 2000.

Post, P., *Voorbij het kerkgebouw. Speelruimte voor een ander sacraal domein*, Heeswijk, Abdij van Berne 2010.

Ricœur, P., *Figuring the Sacred. Religion, Narrative and Imagination*, Minneapolis, Fortress Press 1995.

Sassen, S., *Globalization and Its Discontent. Essays on the New Mobility of People and Money*, New York, New York Press 1999.

Sassen, S., ‚The Excesses of Globalisation and the Feminisation of Survival', in: *Parallax*, 7/1 (2001) 100-110.

Sandercock, L., *Cosmopolis II. Mongrel Cities of the 21st Century*, London/New York, Continuum 2003.

Sarton, M., *Terugblik. Een vrouw maakt de balans van haar leven op*, Amsterdam, Rainbow Pocket 1986 (Übersetzung von M. van Sligter van: Sarton, M., *A Reckoning*, New York, WW. Norton Inc. 1978).

Sartwell, C., *Six Names of Beauty*, New York, Routledge 2004.

Scarry, E., *The Body in Pain. The Making and Unmaking of the World*, New York/Oxford, Oxford University Press 1985.

Scarry, E., *On Beauty and Being Just*, Princeton/Oxford, Princeton University Press 1999.

Sedgwick, E. K., *Touching Feeling*, New York, Duke University Press 2002.

Sedgwick, E. K. (ed. J. Goldberg), *The Weather In Proust*, Durham/ London, Duke University Press 2011.

Sent, E. M., ,Topvrouwen in financieel mannenbastion', in: *Luxity*, 11 (2011) 26.

Sheldrake, P., *Spaces for the Sacred. Place, Memory and Identity*, London, SCM Press 2001.

Soja, E. W., *Thirdspace. Journeys to Los Angeles and Other Real-Imagined Places*, Malden/Oxford, Blackwell Publishing 1996.

Sontag, S., ,An Argument on Beauty', in: *Deadalus*, Fall (2002) 21-26.

Spek, I. van der, *Kraaienwacht*, Barneveld, Boekenbent 2012.

Torre, S., ,Changing the Public Space. The Mothers of the Plaza de Mayo', in: M. Miles, T. Hall und I. Bordes (red.), *The City Cultures Reader*, London, Routledge 2000, 331-335.

Vasalis, M., *Parken en Woestijnen*, Amsterdam, Van Oorschot 1940.

Verhoeven, C., *Inleiding tot de verwondering*, Bilthoven, Ambo Boeken 1967.

Vest, N., *Friend of the Soul. A Benedictine Spirituality of Work*, Lanham/Chicago etc., Cowley Publications 1997.

Walker, A., *De tuinen van onze moeders. Een zoektocht*, Amsterdam, Feministische Uitgeverij Sara 1986 (Übersetzung von A. van Wijngaarden van: Walker, A., *In Search of Our Mother's Gardens. Womanist Prose*, San Diego, Harcourt Brace Janovich 1983).

Warmond, E., *Tegenspeler tijd. Een keuze uit de gedichten*, Amsterdam 1979.

Wilson, E., *The Sphinx in the City. Urban Life, the Control of Disorder, and Women*, Berkeley, University of California Press 1991.

Woolf, V., *Een kamer voor jezelf*, Amsterdam, De Bezige Bij 1958 (Übersetzung von C. E. van der Waals-Nachenius van: Woolf, V., *A Room of One's Own*, New York, Harcourt, Brace and Co 1929).

Woolf, V., *Geachte Heer*, Amsterdam, Sara 1980 (Übersetzung von J. van der Meulen und A. van Wijngaarden van: Woolf, V., *Three Guineas*, New York, Harcourt, Brace and Co 1938).

Wright, W. M., ,Babette's Feast: A Religious Film', in: *The Journal of Religion and Film*, 1/2 (1997) (online http://www.unomaha.edu/jrf/ BabetteWW. htm).

Young, I. M., *Justice and the Politics of Difference*, Princeton, Princeton University Press 1990.

Filme

Babette's Feast. reg. Gabriel Axel, Denemarken 1987.
Spring, Summer, Fall, Winter ... and Spring. Reg. Ki-Duk Kim, Zuid-Korea 2003.

CD

Raam op het Zuiden, Nederlands Blazers Ensemble en Theo Loevendie, Challenge Records 2001.

Nachweise

Geleitwort zur deutschen Ausgabe

1   Madeleine Delbrêl: Die Liebe ist unteilbar. Einsiedeln – Freiburg i. Br. 2000, 28.

2   Vgl. etwa Edward Schillebeeckx: Menschen. Die Geschichte von Gott. Freiburg i. Br. 1990.

3   Vgl. z. B. Catharina Halkes: Gott hat nicht nur starke Söhne. Grundzüge einer feministischen Theologie. Gütersloh 1980; dies.: Suchen, was verloren ging. Beiträge zur Feministischen Theologie. Gütersloh 1985.

4   Vgl. Leonardo Boff: Kleine Sakramentenlehre. Düsseldorf 1989.

5   Johann Baptist Metz: Mystik der offenen Augen. Wenn Spiritualität aufbricht. Freiburg i. Br. 2011, 14.

Kapitel 2: „Zeit schafft Orte" ist die Überarbeitung einer Vorlesung, die für den Studienmittag geschrieben wurde, den die Radboud Universität im November 2009 zum Thema des Monats der Philosophie organisierte: Zeit schaffen.

Kapitel 3: „Haus mit offenen Verbindungen" ist die überarbeitete Fassung von „Huiselijke mijmeringen" in: Speling. Tijdschrift voor bezinning 60/3 (2008) 8-11.

Kapitel 4: „Liebe und Hingabe. Familiengeschichten in *Lasset uns anbeten*" ist die Überarbeitung eines Artikels, der unter dem Titel „Gestalten van overgave: over de creatieve wisselwerking tussen theologie en populaire cultuur" in Michsjol, 18/2 (2009) 57-62 erschien.

Kapitel 5: „Das ‚Mehr' der Nahrung" wurde ursprünglich in „Speling" unter dem Titel „Een warmende woonplaats" veröffentlicht, Speling 54/1 (2002) 40-45.

Kapitel 6: „Geschirr der gehobenen Art" erschien ursprünglich in wesentlich kürzerer Form in „Fier" als „Vaatwerk met een verheven karakter", Fier 1/6 (1998) 18-19.

Kapitel 7: „Gott schmecken" ist eine Überarbeitung und Verbindung zweier anderer Veröffentlichungen aus Anlass des Films ‚Babette's Feast': „Visual Narratives: Entrance to Everyday Religious Practices", in: R. R. Ganzevoort, M. de Haardt und M. Scherer-Rath (ed.), Religious Stories We Live By, Leiden, Brill 2013 und „God smaken", in: Maaike de Haardt, Frans Maas, Niko Schreurs und Henk Witte (red.), Voor het angezicht van de levende. Opstellen voor Wiel Logister, Averbode, Uitgeverij Altiora 2003, 259-276.

Kapitel 8: „Arbeit im Garten als Offenbarung" ist eine Überarbeitung von „Tuinieren als levenskunst", erschienen in Zijwind 24/2 (2009) 8-9.

Kapitel 9: „Mit Kopf und Händen" wurde eigens für dieses Buch verfasst.

Kapitel 10: „Dem Tod näher: *Terublik*" ist eine Überarbeitung und Übersetzung von „Transcience, Finitude and Identity: Reflecting the Body Dying", ursprünglich erschienen in: Janneke Bekkenkamp und Maaike de Haardt (ed.), Begin With The Body. Corporeality, Religion and Gender, Leuven, Peters 1998, 12-29.

Kapitel 11: „Der Trost der Schönheit" ist eine Überarbeitung eines Textes, der verfasst wurde für Symforosa 19/73 (2007) 33-35.

Kapitel 12: „Soul in the City" ist die Übersetzung, Bearbeitung und Zusammenstellung zweier anderer Artikel über die Stadt: „It Don't Mean a Thing If It Ain't God That Swing': Desire and Religion in the City", in: R. R. Ganzevoort, B. Miller McLemore, R. Brouwer (ed.), Desire. Practical Theological Explorations, Münster, LIT Verlag 2013 und „Spirit in the City? Over de stad als plaats waar God woont", in: Michsjol 16/2 (2007) 34-39.